Gardasee
Verona

Gardasee
Verona

Fotografie
Martin Thomas
Joachim Hellmuth

Text
Hans Günther Meurer

BRUCKMANN

Inhalt

18   *Italiens Schmuckstück im Norden*

20 | Der Gardasee als Bühne
22 | *Maler sehen ihren See*
24 | Schwierige touristische Anfänge
28 | *Daten und Bilder zur Geschichte*
35 | Die Deutschen kommen
37 | Ein wahrer Monte Mirakel
42 | Kein schöner Land in literarischen Reiseschilderungen
44 | *La Cucina Gardesana: Kulinarische Entdeckungen*
46 | Orte für die Schönen und Reichen
46 | Der Geschmack des Sees
48 | Tonios Engardina

56   *Dichterwonnen und Surferglück*

56 | Der Adel liebte das Trentino
58 | Die Begrüßung ist würdevoll
61 | Von österreichischem Charme und italienischem Flair
62 | *Segeln, Surfen oder Biken – Sport und Spaß am Gardasee*
67 | Wohin mit den Urlaubern?
67 | Goethe – ein Spion?
69 | Der Berg ruft
72 | *Der Gardasee lässt grüßen: Das idyllische Sarcatal*

76   *Zwischen Bergalm und Zitronenhain*

76 | Wohnen wie in einem Adlerhorst
78 | Ein Dorado für Wanderer
80 | Wo Palmen und Zedern wachsen
81 | Hochsaison das ganze Jahr über
84 | *Die schönste Straße Europas: Die Gardesana Occidentale*
87 | Sehen und gesehen werden
88 | Stadt der Superlative
94 | *Pomp und Passionen: D'Annunzio und »Il Vittoriale«*

98 | An der Riviera degli Olivi

98	Erlebnisse mit einem sympathischen Berg
100	Dörfer zwischen Moderne und Vergangenheit
103	Melone statt Brot
103	Torri del Benaco
106	*Gräfliches Paradies: Punta San Vigilio*
111	Der schönste Ort der Welt…
112	Die Wacht am See
112	Guter Wein, bestes Öl
116	*Gipfelsturm im Garten Eden: Der Monte Baldo*

120 | Villen, Bäder und Kastelle

120	Ein Blick ins Paradies
122	Jachten statt Handelsschiffe
125	Ein Besuch in Sirmione
127	Kuren im Land des Catull
130	*Lombardische Schönheit: Ein Ausflug nach Brescia*
132	Der nutzlose Damm
132	Strategisch der wichtigste Ort
136	*Botanische Attraktionen: Kunstvolle Gärten für Genießer*

140 | Wo Julia ihren Romeo küsste

140	Das Nadelöhr zwischen den Kulturen
147	Suche nach der eigenen Identität
148	Verona und das alte Rom
150	*Vorhang auf in der Arena: Die Opernfestspiele von Verona*
155	Brudermord und Ränkespiel – die Herrschaft der Scaliger
157	Julia – schenk' uns Liebe!
157	Wundervolles Verona
162	*Der Glanz alter Zeiten: Die schönsten Hotels*

166 | Planen, Reisen, Genießen

169	*Die Stadt der Oper:*
	Der schönste Spaziergang durch Verona
174	*Rund um den See:*
	Fünf Routen mit Auto und Mountainbike

180 | Personen, Orte, Begriffe

Veronas Kirchen und Klöster beherbergen eine Fülle von Kunstschätzen, egal, ob es sich um Fresken aus dem Mittelalter handelt *(links unten)* oder aus der Renaissance, wie Francesco Morones Ausmalung des Bibliothekssaales von Kloster San Bernardino *(links oben)*. Verona bei Nacht: Vor der in Flutlicht getauchten Arena erheben sich der Campanile von Sant'Anastasia und der Torre dei Lamberti über die Dächer von Verona *(rechts)*.

Seite 6/7: Blick auf Malcesine

Seite 12/13: Traumhaft gelegen am Fuße des Monte Baldo – die Landzunge Punta San Vigilio.

Seite 14/15: In Ruhe genießen kann man in den vielen Cafes in Sirmione.

Seite 16/17: Blick vom Castello auf die Stadt Soave und die umliegenden Weinanbaugebiete der Provinz Verona.

*»Ich saß und schaute auf den See.
Er war schön wie das Paradies, wie
die erste Schöpfung.«*

D. H. Lawrence

*Umgeben von hohen Bergen und
steilen Felswänden ist der nördliche
Gardasee ein Dorado nicht nur
für Segler und Surfer, sondern auch
für Wanderer, Kletterer und
Mountainbiker.*

*Abenteuerliche Serpentinen führen im Westen
hinauf zu den bezaubernden Dörfern und Seen der
Brescianer Alpen. Unten am Gardasee-Ufer reihen
sich charmante Städtchen mit palmengesäumten
Promenaden wie Perlen an eine der schönsten
Straßen Europas, die Gardesana Occidentale.*

*Verona, unsterblich geworden als Schauplatz
der tragischen Liebe von Romeo und Julia, lädt
ein zu einem Spaziergang durch seine wunderbare
Altstadt mit ihren prunkvollen Palazzi, prächtigen
Kirchen und der weltberühmten römischen Arena.*

*Wie überall am Gardasee
verlocken auch die hübschen
Ferienorte am Fuß des Monte
Baldo zu mediterranem
Dolcefarniente.
Der Höhenzug im Osten ist
ein beliebtes Wanderparadies,
das eine einzigartige
Pflanzenwelt birgt.*

*Im Süden findet sich abseits der
belebten Uferstraßen noch manche
verträumte Gasse. Sanfte Hügel und
grüne Wiesen prägen die Landschaft,
in der vorzügliche Weine gedeihen.
Schon die alten Römer fühlten sich
hier wohl, wie die Reste ihrer
Villen und Bäder bezeugen.*

Parco Regionale
Adamello -
Brenta

Cima Cop
di Breguzzo
3001 m

Cima di Valbona
2889 m

Monte Corona
2507 m

Monte Lavanéch
2229 m

Dosso dei Morti
2183 m

T R E N T I N O

Vezzano

Stenico

Tione

Lago di Toblino

Trento

Pergine

Lasino

Cornetto
2180 m

Becco di
Filadonna
2150 m

Drena

Dro

Marocche

Monte Cádria
2254 m

Monte Corona

Lago di Tenno

Tenno

Arco

Monte Stivo
2059 m

Folgaria

Bezzecca

Riva del Garda

Nago

Torbole

Rovereto

Mori

Cimone
della Bagozza
2407 m

Breno

Monte
Alta Guardia
2226 m

Chiese

Monte
Colombino
2215 m

Condino

Grotta
Rossa
2192 m

Lago di Ledro

Ponale

Monte
Tremalzo
1974 m

Limone

Monte
Altíssimo
2078 m

Marco

Brentónico

Riva dell'
Anziana
2001 m

Cima Palón
2235 m

Pósina

Óglio

te Muffetto
2060 m

Monte
Colombino
2215 m

Cóllio

Bóvegno

Bagolino

Lodrone

Lago d'Idro

Anfo

Vesta

Zumié

Parco
dell' Alto Garda
Bresciano

Pieve di
Tremosine

Campione

Bocca
Tratto Spino
1780 m

Malcesine

Cima
Valdritta
2218 m

Pilcante

Ala

Cima Levante
2020 m

Recóaro

Pieve
Vecchia

Idro

Lignago

Lago di
Valvestino

Gargnano

Magugnano

Monte Baldo

Parco Regionale
della Lessinia

Casto

Vestone

San Martino

Sabbio Chiese

Monte Spino
1488 m

Bogliaco

Castelletto di
Brenzone

Villanova

San Giovanni

Bosco

L O M B A R D I A

Vobarno

Toscolano

Maderno

Lumini

Breónio

Rovere

Fostaga

Gardone Riviera

Saló

Villa

Portese

Torri del
Benaco

Caprino

Ceraíno

San Giovanni

Gavardo

Paitone

Montinelle

Punta
San Vigilio

Garda

Rivoli

Fumane

Grezzana

Tregnago

Calvagese

Padenghe
sul Garda

Moniga

Bardolino

Affi

Cavaion
Veronese

San Ambrógio

Rezzato

scia

San Tomaso

Sirmióne

Lazise

V E N E T O

Calcinato

Lonato

Desenzano
del Garda

Colombare

Sandra

Verona

Soav

Ghedi

Montichiari

Esenta

Castiglione

Pozzolengo

Peschiera del Gárda

Sommacampagna

Valeggio
sul Mincio

Villafranca

Custoza

Zevio

0   100km

N

11

Italiens Schmuckstück im Norden

Brenzone schläft. Ein Tag ist vorüber, und es war einer wie alle anderen am Gardasee. Zweihundert Pizzen hat Luigi heute Abend seinen Gästen aufgetischt; Salami mit Peperoni war der Renner. Jetzt ist Feierabend für Luigi, kurz nach Mitternacht, und der schwarz gelockte, sympathische Kellner bindet seine knöchellange weiße Schürze ab.

Für Fabio, den ergrauten Fischer, geht's nun erst richtig los. Was der See ihm hergibt, landet bei Mama im Kochtopf, und wenn dann noch etwas übrig bleibt, verkauft er es anderntags auf dem Markt. Früher fischte Fabio für die Kooperative, aber heute hält er seine Netze nur noch aus Spaß ins Wasser, in der Nacht, wenn er sowieso schlecht einschlafen kann. Seine Fischerkrankheit nennt er das.

Fabios Revier ist hell erleuchtet. Es ist der Schein einer Tausendwatt-Lampe, die oben an der Hotelwand hinter dem See montiert ist und auf den hauseigenen Strand strahlt. Da hockt der Mann nun auf seinem Campingschemel und starrt aufs Wasser. Die sanften Wellen schlucken das künstliche Licht und spucken es kunstvoll gebrochen wieder aus. Fabio wartet. Denn wenn es Nacht wird in Brenzone, wenn das grelle Scheinwerferlicht von der Zeitschaltuhr angeknipst wird – dann hat das letzte Stündlein für die Felchen geschlagen. Angelockt von der Helligkeit, trudeln sie ins seichte Wasser am Strand, ahnen nichts von dem behänden Umgang Fabios mit seinem gewaltigen Kescher. Sobald ein Schwarm Fische in seiner Reichweite ist, planscht der Riesenkescher energisch ins Wasser. Ein Dutzend mögen es diesmal sein, zappelnd im Netz, Winzlinge. Egal, sagt sich Fabio, man nimmt, was man kriegen kann. Früher hatte er es nur auf den Carpione abgesehen, die schmackhafte Gardasee-Forelle. Die hat sich aber inzwischen rar gemacht, und wenn sie einmal auftaucht und dabei an den Haken geht, landet sie garantiert auf einem Teller bei Mama. Was hier und da in den Restaurants als Carpione auf den Tisch komme, sagt Fabio, seien doch nur Zuchtforellen. Betrug. Das Lieblingsthema des alten Mannes: Die Touristen würden betrogen, Nepp regiere den See. Alles zu teuer, und sie, die Luigis und Fabios,

Mit schierer Muskelkraft schafften die Venezianer 1438 sechs solcher Galeeren (ganz oben) zu Kriegszwecken über den Nagopass zum Gardasee. Wer heute an den See fährt, kommt oft mit dem Mountainbike (oben) oder dem Surfbrett (unten). Traumhaft schön: der nördliche Gardasee (rechte Seite).

Es gibt viele Gründe, Valeggio sul Mincio einen Besuch abzustatten. Einer davon ist die Villa Sigurtà aus dem 17. Jahrhundert (oben). Sie gehörte dem Grafen Sigurtà, der auch den prächtigen Garten anlegen ließ. Er steht jedem offen, während die Eingänge in die Villa selbst von einem strengen Signore bewacht werden (rechts).

die stolzen Norditaliener, die hier seit Menschengedenken mit dem Wasser und den Bergen leben, sie müssten es ausbaden. Die Lebenshaltungskosten explodieren. Porcheria! – Schweinerei, findet Fabio und hat damit auch genug gesagt. Er möchte nun nicht mehr gestört werden, stiert auf das Wasser. Der Gardasee – ein fauler Zauber?

Der Gardasee als Bühne

Liegen denn die vielen Touristen falsch – an den wenigen freien Badestellen? Was treibt Millionen von Internetsurfern dazu, sich auf einer der unzähligen Webseiten zu informieren? Was suchen die Menschen an diesem 52 Kilometer langen und bis zu 350 Meter tiefen Gewässer, das sich die drei norditalienischen Provinzen

Diesen Blick gönnte sich die Familie der Arcos jeden Tag (unten): Hier, auf dem Burgberg von Arco, baute das Adelsgeschlecht im Mittelalter seine trutzige Burg.

Die Alpen sind der Vorhang, hinter dem sich wettermäßig alles Glück der Erde verbirgt: im Sommer Sonne satt, im Winter mildes Klima am See und Frost in den Bergen, und die Zeiten dazwischen können sich auch sehen und fühlen lassen. Wie sonst könnten hier Palmen und Datteln gedeihen, Oliven, Bananen und Bougainvilleen? Und die Zitronen, die hier noch immer vereinzelt wachsen. Hinter diesem Alpenvorhang liegt also die große Bühne: Die Fun-Aktiven toben sich hier aus, mit dem Brett auf dem Wasser, mit dem Bike in den Bergen, mit Adrenalin in den Felsen. Alle anderen ruhen sich hier aus, in der Sonne räkelnd, in den Gassen schlendernd, in den Wäldern wandernd.

Und dann gibt es noch die Bustouristen im März, den sie am See nur den »Altenmonat« nennen, mehr ironisch als abwertend: Mit einer mehrtägigen Tour an den Gardasee im klimatisierten Bus samt TV und Toilette fährt man, ob als Veranstalter oder Gast, immer gut, auch wenn das Wetter im Frühjahr Kapriolen schlägt.

Ganz sicher hat der schnelle Sprung über die Brenner-Autobahn wesentlichen Anteil daran, dass uns der Gardasee so ans Herz gewachsen ist. Mal eben übers Wochenende zum Surfen, zum Klettern, zum Ausruhen – für viele Münchner kein Thema. Für die zahlreichen Kleingrundbesitzer fast schon ein Muss: Sieben von zehn Grundstücken mit Seeblick gehören Ausländern, meist Deutschen. »Ein Segen« sagen die Italiener, die vom Tourismus leben. »Germani-

Trentino, Lombardei und Venetien teilen? Wo finden sie an dem zwischen gut zwei und fast 18 Kilometer breiten Wasser am ehesten, was sie suchen?

Wer den See kennt, hat schnell Antworten auf diese Fragen parat. Alle anderen müssen sich überraschen lassen. Gewiss scheint die Sonne unter blauem Himmel, man lässt sich gerne verführen vom Dolcefarniente, dem süßen Nichtstun. Überall lockt der aromatische Duft, so typisch für südliche Länder. Und der Gardasee ist Süden, obwohl er in weiten Teilen eher einem nordischen Fjord gleicht. Er ist Süden, weil er von gewaltigen, bis ins Frühjahr von Schnee bedeckten Bergen geschützt ist und sich in perfekter Längsausrichtung der Sonne entgegenreckt. Und im südlichen Teil des Sees ist der Süden ohnehin allgegenwärtig.

Fortsetzung Seite 24

Maler sehen ihren See

Künstler aller Epochen und Stilrichtungen ließen sich von der landschaftlichen Schönheit rund um den Gardasee inspirieren. Auch Goethe griff dereinst zur Feder und skizzierte die Burg von Malcesine, was ihn in den Augen der Italiener allerdings als einen österreichischen Spion erscheinen ließ. Im Gegensatz zu dem deutschen Dichter blieben die meisten Maler unbehelligt, was die Wahl und Darstellung ihrer Motive betraf.

In Ferdinand Georg Waldmüllers Ölgemälde »Blick auf Arco« (1) aus dem Jahr 1841 sehen wir ein noch weitgehend unbesiedeltes Tal zwischen grünen Hängen und kahlen Felsen. Conrad Caspar Rordorf stellte, wie Goethe und viele andere, die Burg von Malcesine (2) in den Mittelpunkt seiner Betrachtungen, während Albrecht Dürer 1495 die Burg von Arco mit Wasser- und Deckfarben auf Papier bannte (3).
Friedrich August von Kaulbachs 1894 komponierte Naturdarstellung (4) lebt von Flora, wie sie sonst eher in Mittelmeerregionen zu Hause ist: Zypressen und Pinien dominieren seinen Blick auf den Gardasee.
Im Jahr 1835 entstand das Ölgemälde »Vue prise à Riva« des französischen Italienreisenden Jean-Baptiste-Camille Corot (5), und vier Jahre später hielt der deutsche Landschaftsmaler Louis Gurlitt, ebenfalls in Öl, diese Landschaft am nördlichen Ufer des Gardasees fest (6). Winterlich kühl, mit schneebedeckten Bergen, wirkt dagegen der See auf der Pastellzeichnung des Impressionisten Lesser Ury aus dem Jahr 1914 (7). Damals waren vor allem Gardone Riviera und Salò beliebte Urlaubsziele – als Luftkurorte im Winter.

2

1

3

7

6

4

5

23

*Trient lädt ein zum Lustwandeln:
Auf dem Domplatz (rechts) und in
der Säulenhalle des Castello del
Buonconsiglio (unten rechts), die
mit Fresken des Brescianer
Künstlers Girolamo Romaninos
(1487–1559) geschmückt ist
(unten).*

sierung!«, schimpfen jene Italiener, die sich vielleicht selbst gern ein Stück vom so begrenzten Bodenkuchen abschneiden würden.

Schwierige touristische Anfänge

Die Geschichte des Gardasees ist lang und bewegt, zumindest aus strategisch-militärischer Sicht; der Tourismus dagegen ist noch jung und kennt nur eine Richtung: nach oben. Solferino zum Beispiel, südlich des Sees gelegen, ist historisch gesehen gleich ein mehrfach wichtiger Ort. In einer dramatischen, folgenreichen Schlacht schlugen hier 1859 die verbündeten Italiener und Franzosen das Habsburgische Heer. Lombardei und Veneto gehörten fortan zu Italien, und Henry Dunant, ein Schweizer Zeitgenosse, der das Gemetzel mit ansah, gründete danach das »Rote Kreuz«.

Auch wenn damit der Grundstein für die Einheit Italiens gelegt war, sollte sie erst sechzig Jahre später vollendet werden: Mit dem Frieden von Saint-Germain verpflichtete sich Österreich, nun auch Trient und das nördliche Gardasee-Ufer an Italien abzutreten – endlich konnte man sich daran machen, die Region touristisch zu erschließen. Und dazu mussten zunächst Straßen gebaut werden, denn wer bis dato aus dem Norden kommend am See Urlaub machen wollte, musste in Riva oder Torbole ein Boot nehmen, um in südlichere Gefilde zu gelangen.

Das tat seinerzeit, Mitte des 18. Jahrhunderts, auch ein Italien-Reisender namens Johann Wolfgang von Goethe. Viele überschwängliche Notizen, Ausrufe freudigster Überraschung ob der Landschaft, die sich ihm bot, sind erhalten. Und hätte ihm und seinen Ruderern nicht die Ora so zugesetzt, dieser heftige Südwind – der Dichter wäre an Malcesine samt Burg vorbeigefahren. So aber musste er dort anlegen, griff zu Papier und Bleistift, zeichnete das Kastell – und wurde als österreichischer Spion festgesetzt; erst nach einer langen Aussprache konnte er wieder ins Boot steigen. Er verließ Malcesine als Freund.

Den Fährleuten ging es damals gut, der See war eine Barriere, die nur mit dem Boot zu überwinden war. Dann kamen die Bagger, schweres Gerät, denn am Westufer reichen die Berghänge bis ans Wasser heran. Also machte man sich zunächst an den Bau der Gardesana Orientale, der Ostufer-Straße. 1929 war sie fertig. Zwei Jahre später hatte man sich auch einen Weg durch die Felsen im Westen gesprengt: Heute noch schwärmen die Menschen von der Gardesana Occidentale als einer der schönsten Straßen in Europa. Die ersten motorisierten Touristen wurden allerdings bald durch den Ausbruch des Zweiten Weltkriegs gestoppt. Die Schlagzeilen, die der

Fortsetzung Seite 35

*Ob auf dem Markt beim
Käseeinkauf (oben) oder am Kiosk
mit dem Zeitungshändler (unten) –
eine Gelegenheit, Neuigkeiten aus-
zutauschen, bietet sich immer.
Die Strandpromenade von
Garda gilt als eine der schönsten
am See (rechts).*

Daten und Bilder zur Geschichte

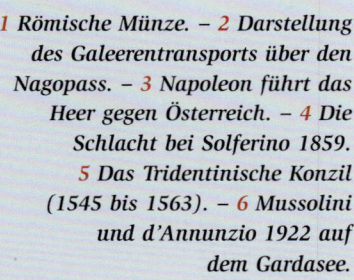

1 Römische Münze. – 2 Darstellung des Galeerentransports über den Nagopass. – 3 Napoleon führt das Heer gegen Österreich. – 4 Die Schlacht bei Solferino 1859. 5 Das Tridentinische Konzil (1545 bis 1563). – 6 Mussolini und d'Annunzio 1922 auf dem Gardasee.

Seite 30/31:
Olivenhain bei der Kirche San Andrea oberhalb von Torbole.

Um 2000 v. Chr. Pfahlbautendörfer und Felszeichnungen bei Malcesine und Pai sowie am Ledrosee und im Tennotal.

Um 1000 v. Chr. siedeln im Osten die Veneter, im Westen die Ligurer.

6. Jahrhundert v. Chr. Über den Apennin kommend drängen die Etrusker die Veneter in das Gebiet des heutigen Venedig zurück.

19 v.Chr. Oberitalien wird zur röm. Provinz Gallia Cisalpina.

89 v.Chr. Verona erhält als römische Kolonie zusätzliche Rechte.

59–49 v. Chr. Verona wird wichtiger Kreuzungspunkt Norditaliens.

395 Teilung des röm. Reiches in West- und Ostrom, Norditalien fällt an das weströmische Reich.

476 Die Westgoten überfallen Norditalien und belagern Verona, der germanische Söldnerführer Odoaker ernennt sich selbst zum König von Italien.

568 Die Langobarden fallen aus Pannonien (Ungarn) kommend in Oberitalien ein.

773–774 Karl der Große erobert das Langobardenreich, sein Sohn Pippin wird 781 König von Italien und gründet die Mark Verona.

um 800 bildet sich am Ostufer des Sees die »Corte di Garda« mit eigener Gerichtsbarkeit.

888–962 Machtkämpfe italieni-

6

5

scher Fürsten, die sich von den Päpsten zu Königen krönen lassen.
951 Otto I. besetzt Oberitalien und wird 961 vom Papst zum Kaiser von Italien gekrönt. Die Mark Verona und der Gardasee fallen an das Herzogtum Bayern.
um 1000 entstehen unabhängige Stadtrepubliken. Kaisertreue Ghibellinen und papsttreue Guelfen bekämpfen sich gegenseitig.
1168 Lombardischer Bund und Veroneser Liga vereinen sich gegen Kaiser Friedrich Barbarossa.
1260–1387 Die kaisertreuen Scaliger führen Verona und den Gardasee in eine Blütezeit.
1387–1405 Die Mailänder Visconti unterwerfen Verona.
1405 Venedig erobert Verona und das angrenzende Gebiet.
1438 Im Seekrieg zwischen den Visconti und Veneziern schafft Venedig sechs Galeeren und 25 Barkassen auf dem Landweg von der Etsch an den Gardasee.
1796 Napoleon erobert die Lombardei und Venetien.
1797 Im Frieden von Campo Formio fällt das westliche Gardasee-Ufer an die von Napoleon gegründete Cisalpinische Republik, das Ostufer und Verona kommen zu Österreich.
1805 Die napoleonische Republik Italien wird wieder Königreich und erhält auch die österreichischen Besitzungen zurück.
1814–1815 Der Wiener Kongress teilt Veneto und die Lombardei wiederum Österreich zu.
1848–1870 Kriege zwischen Italien und Österreich: Schlacht von Solferino (1859) und Schlacht bei Custoza (1866). Die Lombardei und Veneto gehören zum neuen Königreich Italien, das Trentino mit Riva bleibt bei Österreich.
1870 Das Zeitalter des Risorgimento führt zur Bildung eines Nationalstaats mit Rom als Hauptstadt.
1919 Österreich muss das nördliche Gardasee-Ufer und Trient an Italien abtreten.
1943 Mussolini gründet in Salò die faschistische Republik Italien.
1946 Italien wird Republik.
1970 Verwaltungsreform: Italien wird in 20 Regionen eingeteilt.
2000–2006 Sanierung der maroden Staatsfinanzen. Privatisierung vieler durch Patronage völlig korrumpierten Staatsbetriebe.
2010 Die Lega Nord, Koalitionspartner von Ministerpräsident Berlusconi, verstärkt die Bemühungen, einen eigenen Staat »Padanien«, losgelöst von Rom, zu gründen. Auch der Gardasee würde einem solchen neuen Staat angehören.

1 Zu Beginn des 20. Jahrhunderts
war das Schiff noch immer das
wichtigste Verkehrsmittel am
Gardasee: Ankunft der Fähre im
Hafen von Maderno (1910).
2 Markttag in Desenzano (1912).
3 Boote der Zollpolizei bei Limone.
Ganz in der Nähe verlief bis 1919
die Grenze zu Österreich (1900).
4 Die Hafenpromenade von Salò
(um 1900).
5 Segelschiff in Porto di Tignale
(1920).
6 Der Hafen von Gargnano (1910).
– Die Anfänge des Tourismus, mal
nobel, mal schlicht: Gäste auf der
Terrasse des Kurhotels »Casino« in
Fasano (7) und auf einem Dorf-
platz am See (8), jeweils 1910.

See fortan machte, waren eher negativ: Diktator Benito Mussolini ließ sich 1943 mit seiner faschistischen Regierung ausgerechnet im eleganten Salò nieder.

Die Deutschen kommen

Von den Segnungen des deutschen Wirtschaftswunders profitierte auch der Gardasee. Alles Sehenswerte rund um den See prangte in einem Prospekt: die stilvollen Palazzi aus der k.u.k.-Zeit in Riva, auf der Ostseite die herrschaftliche Scaliger-Burg in Malcesine, die Anmut eines Monte Baldo und die prächtige Bucht von Garda; im Westen die anheimelnde Enge Limones, der Glanz von gestern und heute in Gardone Riviera und Salòs Strebsamkeit. Und dann Sirmione im Süden, wo schon die alten Römer ihre müden Glieder im Bade kurierten, wo die Scaliger eine Bilderbuch-Festung errichteten, wo die Sonnenuntergänge das Wasser verzaubern. Sirmione sehen und glücklich sterben, mögen sich viele in Anlehnung an den altrömischen Dichter Catull gesagt haben. Und da man sich schon mal so weit in den Süden vorgewagt hatte, durfte natürlich Verona nicht

fehlen. Einmal Julias kupfernen Busen tätscheln, damit sie einem Glück in der Liebe bringe. Einmal eine Belcanto-Aufführung in der legendären Arena miterleben, um genüsslich den Daheimgebliebenen davon zu berichten. Einmal eben nach Verona. Und Brescia? Die Stadt steht stets etwas düpiert abseits. Nein, das hat sie nicht verdient, auch wenn der Puls hier anders schlägt als im selbstverliebten Verona: Wer die harte Schale der Industriestadt knackt, stößt auf einen weichen Kern.

Ob dieser Aussichten waren die reiselustigen Deutschen nicht mehr zu bremsen. Im Volkswagen oder Opel ging es mit Kind und Kegel über die Alpen – schnell noch ein Foto im Schnee – immer der Sonne entgegen. Die Verantwortlichen am See reagierten flugs: Alte Hotels wurden restauriert, neue schossen aus dem Boden, und an manchen Stellen wurde dem Ufer so lange zugesetzt, bis endlich auch ein badefähiger Strand die Prospekte zieren konnte. Der Gardasee galt bald schon als familienfreundlich und war ja schnell zu erreichen. Der Schönheit des Sees und seiner Umgebung tat dies zunächst keinen Abbruch, und zur Freude aller gab es auch hinter den großen

Bergen noch »Crauti, Wurstel, Hendl« und bald auch gutes deutsches Bier. Diese Subkultur hat sich unaufhaltsam entwickelt, vor allem am Westufer, und gipfelte in der Eröffnung von »Gardaland«, einer Art Disneypark im Kleinen.

Einen touristischen Dämpfer erlebte der See Ende der siebziger Jahre: Das Fernweh und die purzelnden Flugpreise ließen so manchen treuen Gardasee-Ferienreisenden auf Abwege geraten. Aber dem Gardasee konnte das nicht wirklich etwas anhaben, denn just zu die-

Wer in Pieve di Tremosine lebt, muss schwindelfrei sein (linke Seite).
Am westlichen Ufer, hier in Salò, sind Strände rar (oben).
Reis für das Brautpaar – vor einer Kirche im Valpolicellatal (unten).

35

Wenn der Gardasee im Sommer wegen der Touristenströme aus allen Nähten zu platzen droht, lässt sich nur einen Steinwurf entfernt Ruhe und Natur pur finden: Still, verträumt, aber auch kühl präsentiert sich der Idrosee in den Brescianer Alpen (oben), *den die Italiener vor allem für Wassersport nutzen. Und wenn kein größeres Gewässer in der Nähe ist, gibt es immer noch einen Fluss oder Bach zum Spielen und Abkühlen wie im Val d'Ampola* (rechts).

ser Zeit kamen die Surfer auf den Plan; heute sind weite Teile im nördlichen Seebereich für Badegäste gesperrt – die Gefahr, von einem Surfer »rasiert« zu werden, ist nicht zu unterschätzen. Der Wind weht stets kräftig übers Wasser, ob die Tramontana oder die berüchtigte Ora – zur Freude aller blasen sie auch noch aus unterschiedlichen Richtungen. Und als wär's damit noch nicht genug, brausen unberechenbar und urplötzlich die Winde aus dem Ledrotal in die »Düse«, wie die engste Stelle des Sees im Surfer-Slang heißt. Die Surfer campieren hier längst nicht mehr nur in Bussen und kochen mit Gasflamme, auch sie brauchen komfortable Unterkünfte und gute Verpflegung. So hat sich Torbole tatsächlich innerhalb weniger Jahre aus einem grauen Fischernest zu einem bunten Surfercamp gemausert. Schließlich gesellen sich noch die waghalsigen Gipfelstürmer

dazu, die in den steilsten Hängen der Rocchetta herumturnen und den See mehr oder weniger als Kulisse missbrauchen. Sie alle wollen ein Dach über dem Kopf, auch die Wanderer, die hinauf auf den Monte Baldo steigen.

Ein wahrer Monte Mirakel

Massimo Bossone ist Student. Er hat sich für Biologie entschieden, weil er immer so nah an der Natur gelebt hat. Geboren in Malcesine, groß geworden in Malcesine, 27 Jahre alt und immer noch vernarrt in den See. Schon als Kind war er ständig mit seinem Vater am Monte Baldo, bei den Olivenbäumen. Seit Generationen lebt die Familie davon, doch mit Massimo ist wohl Schluss. Nicht, dass es nicht mehr zum Leben reichen würde oder ihnen etwa die Oliven ausgingen – aber da war eben dieser Hang zur Wissenschaft, stärker als alle Familientradition.

Massimo sitzt in der Wiese und zerfleddert einen Grashalm. In Sichtweite liegt linker Hand die Bergstation der Seilbahn von Malcesine, rechts verläuft der Trampelpfad durch saftiges Grün über den breiten Bergrücken. Kühe weiden, blechern bimmeln ihre Schellen.

Über allem scheint die Sonne. Ein Tag auf dem Monte Baldo – für Massimo einer von vielen, für Reisende einer von wenigen ganz besonderen.

Sein Fluggerät liegt flach im Gras, akribisch geordnet sind die Leinen, die in zwei Strängen am Gurt enden: Massimo ist Paraglider, Gleitschirmflieger aus Leidenschaft. Das sind Menschen mit Zeit; Eile oder gar Hektik könnten fatale Folgen haben. Über das Tal hat sich

dieser so eigentümliche Frühdunst gebreitet, die Almen und Gipfel im Westen sind nur schemenhaft zu erkennen.

So kann man sich das vorstellen: Vor 20 000 Jahren etwa war der Dunst das Eis. Die letzte Eiszeit erstickte alles Leben in der Jahrtausende währenden Kälte. Nur der Monte Baldo streckte kühn der kühlen Sonne seine Gipfel entgegen, so überlebten Samen, Kräuter, Pflanzen und zauberten diesen Monte Mirakel. Rund zwei Dutzend Endemiten sind nur hier auf dem Monte Baldo heimisch und tragen deswegen auch seinen Namen, wie die langstielige Baldo-Anemone oder die Knautia baldense, dieses niedliche kleine Gewächs, das bei uns als Witwenblume bekannt ist (siehe auch Seite 43 und Seite 116 f.).

Vor ein paar Jahren noch, vor seiner Studentenzeit, engagierte sich Massimo im Centro Turistico Giovanile Monte Baldo. Die

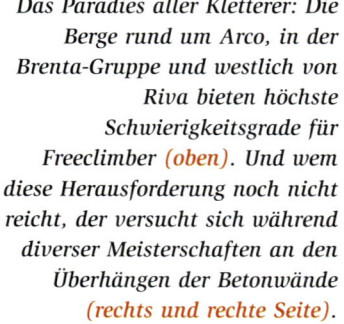

Das Paradies aller Kletterer: Die Berge rund um Arco, in der Brenta-Gruppe und westlich von Riva bieten höchste Schwierigkeitsgrade für Freeclimber (oben). Und wem diese Herausforderung noch nicht reicht, der versucht sich während diverser Meisterschaften an den Überhängen der Betonwände (rechts und rechte Seite).

Seite 40/41:
Bergwelt bei Tenno.

Idee war so einfach wie spannend: Junge Leute aus der Gegend führen Gäste kreuz und quer über ihren Monte Baldo und erzählen, was sie wissen: Dass ihr Berg und der See das Ergebnis mehrerer Eiszeiten aus vergangenen Jahrmillionen sind. Dass die schmelzenden Gletscher sich immer tiefer in das Gebirge gruben und Täler und Seen zurückließen. So entstanden das Etsch- und das Sarcatal, so kreierte die Natur auch den Gardasee. Und was die Gletscherströme vor sich her schoben, staute sich als fruchtbarer Moränenhügel zwischen Verona und Brescia und machte fortan die Weinbauern dort glücklich.

Und so legt Massimo den Gurt an, rafft die Leinen zusammen, setzt den Helm auf, kontrolliert dies und das, läuft ein paar Schritte und wird zurückgeworfen, bis er von einer Bö erfasst abhebt. So ein Tag auf dem Monte Baldo ist wahrlich etwas ganz Besonderes – nur Mitfliegen wäre noch schöner gewesen.

Unverzichtbar für Italiener, ob im tiefen Süden oder hohen Norden: Man trifft sich – so wie hier in Pieve di Ledro – in irgendeiner Bar, philosophiert über Gott und die Welt und kommt sich dabei garantiert näher (oben und rechts). Gleichfalls unersetzlich sind die Tante-Emma-Läden. Der Kramladen um die Ecke dient nach wie vor auch als wichtige Informationsbörse (rechte Seite).

Kein schöner Land in literarischen Reiseschilderungen

Es ist ja wahr: Goethe und der Gardasee sind untrennbar miteinander verbunden, nicht erst durch seinen ungewollten Zwischenstopp in Malcesine. Schon bei seiner ersten Begegnung mit dem See, beim ersten begeisterten Blick von diesem berühmten Weitsichtsfelsen in Nago, hatte er sich in das Gewässer und die Berge verliebt, und so machte er – es mag in weinseliger, freudentaumelnder Stimmung gewesen sein – jenen Eintrag in sein Reisenotizbuch, der sich auch Generationen später noch durch alle Reiseführer zieht. Wäre es nicht Goethe gewesen, der diese Sätze niederschrieb – vermutlich wären sie in der literarischen Flut über die Jahrhunderte weggespült wor-

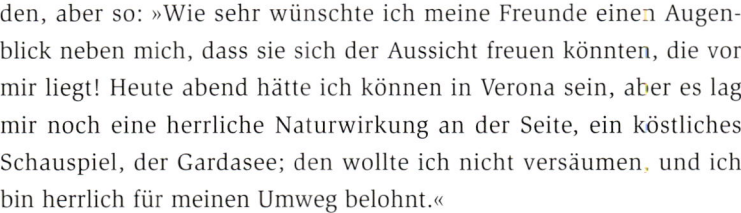

Im Garten Europas

Keine Frage: Der Monte Baldo steuert zur Grazie und Anmut der Landschaft mindestens so viel bei wie der Gardasee selbst. Wer aber die mühevolle Wanderung auf diesen floristischen »Zauberberg« scheut und dennoch mit eigenen Augen sehen und erleben will, was dieses wunderbare Gebirge an einzigartiger Flora zu bieten hat, dem sei eine Tour in den »Orto Botanico del Monte Baldo«, den Botanischen Garten, empfohlen. Er liegt auf der östlichen Seite in Novezzina bei Ferrara di Monte Baldo, ist also nur vom Etschtal aus zu erreichen (Autobahnabfahrt Affi). Botaniker aus aller Welt kommen in den »Hortus Europae«, wie der Berg international bezeichnet wird.

Vielleicht animiert ein Besuch in diesem Garten ja doch noch zu einem Spaziergang auf der anderen Seite des Monte, denn so schön die Pflanzen und Bäume hier auch sein mögen, eines fehlt dem Orto Botanico ganz sicher: der Gardasee.

den, aber so: »Wie sehr wünschte ich meine Freunde einen Augenblick neben mich, dass sie sich der Aussicht freuen könnten, die vor mir liegt! Heute abend hätte ich können in Verona sein, aber es lag mir noch eine herrliche Naturwirkung an der Seite, ein köstliches Schauspiel, der Gardasee; den wollte ich nicht versäumen, und ich bin herrlich für meinen Umweg belohnt.«

Die Anmut dieses Elysiums hat sich herumgesprochen. Wer in vergilbten Reisebeschreibungen stöbert, wird schnell fündig, bei Friedrich Nietzsche zum Beispiel, der gerne in Rivas Torre Apponale als Eremit sein Dasein gefristet hätte, oder bei Franz Kafka, dem der Süden »nie wieder so liebenswürdig und großartig begegnete« wie hier. Oder bei Thomas Mann, der sich häufig als Kurgast am Gardasee einquartierte. Freilich muss man wissen, dass die berühmten und

Fortsetzung Seite 46

La Cucina Gardesana

Kulinarische Entdeckungen

1 Bei uns wenig bekannt, in Italien sehr beliebt: Chiaretto, ein Roséwein aus Bardolino. – 2 Wenn es den Gästen schmeckt, ist der Chef stolz: Ristorante an der Piazza Bra in Verona. – 3 An schön gelegenen Trattorien, Pizzerien und Restaurants herrscht in Sirmione kein Mangel. – 4 Die Köche des Restaurants »Il Porticciolo« in Lazise zaubern verlockende Gaumenfreuden wie Gardasee-Felchen vom Grill (6) und Antipasti mit Fisch und Polenta (8). – 5 Genießer kommen bei dieser Auswahl an Dolci garantiert auf ihre Kosten. – 7 Zu empfehlen: gebackener Aal in Salbeisauce.

Schade. Die Speisekarte besteht aus nur zwei Menüs, Antipasti und Nudeln das eine, das andere: Antipasti und Steak. Wer Halbpension und Speisesaal in einem der »germanisierten« Hotels am See gebucht hat, darf nun wählen, und zwar gleich morgens nach dem Frühstück – und verpasst so das Schönste: ein echtes Stück Italien, irgendeine Trattoria auf dem Land, den Sternenhimmel bei leiser Musik, Gaumenfreuden total. Wirklich schade.

Die Gastronomie rund um den Gardasee ist ein riesiger Wirtschaftsfaktor. Eine Pizzeria reiht sich an die andere, Restaurants buhlen um die Gunst der Touristen, Qualität und Gastlichkeit bleiben dabei oft auf der Strecke. Auf den Speisekarten konkurrieren Würstel und Sauerkraut mit den abenteuerlichsten Pizzakreationen. Denn meistens lautet die touristisch-kulinarische Maxime: Quantität und Umsatz. Im Sommer zumal. Dann lohnt es sich, den See zu verlassen und in die Berge zu fahren. Eine Osteria auf dem Land findet sich bestimmt, und dort ist die Speisekarte unwichtig, denn die Spezialitäten des Tages sind Kommunikationssache: Ein weißgeschürzter Kellner erzählt mit Freude und Entzücken, was denn seine Kollegen in der Küche so alles zaubern. Das berüchtigte Wasser läuft einem im Mund zusammen, Augen und Ohren er-

ringen die völlige Herrschaft über Verstand und Magen. Hier halten sich noch Preis und Güte die Waage, und hier feiert auch der ergraute Signore mit seiner

Signora und der gesamten Sippe sein Familienfest. Es gibt noch reichlich lukullische Ereignisse am Gardasee; man muss sich nur auf die Suche machen.

Dann findet man auch die Tortellini von Valeggio, in die frisch hineinkommt, was der Markt gerade zu bieten hat. Oder den selten aufgetischten Risotto Nero, in Tintenfischtinte gekochter Reis. Wer sucht, dem wird der heimische Blaufelchen als Filet in einer waghalsig komponierten, aber sehr gelungenen süß-sauren Tunke serviert, und der mit Geschmackssinn durch das Land Reisende findet den berühmten Spargel von Rivoli einfach nur badend in einer Kräuterkomposition aus feinstem Olivenöl und ältestem Weinessig (beides vom Bauern nebenan). Die Köche, die auf sich halten, pressen sowieso ihr eigenes Öl. Nur so ist gewährleistet, dass Mama den erlegten Hasen oder den Carpione aus dem See, der nur noch selten an den Haken geht, auf ihre unnachahmliche Art zubereiten kann.

Und beim Gusto haben Italiener eine sensible Nase. Zu allem passt die Polenta, ein feiner Maisbrei, der langsam am besten über offenem Feuer gerührt wird. Man muss Polenta als salzige Vor- oder Hauptspeise nicht mögen, man muss sie auch nicht als süßes Dessert verehren – nur probiert haben sollte man sie.

Roher luftgetrockneter Schinken, Salami in allen Variationen und die vielen Käsesorten machen die Speisefolge von Antipasti über Primo und Secondo Piatto bis hin zum Dolce komplett – nein, perfekt.

Und dann einen sortenreinen Grappa und einen Espresso mit rehbraunem Schaum…

weniger berühmten Gäste den See mehr wegen der ihn umgebenden Landschaft als wegen seines Wassers schätzten: Zu jener Zeit ging man zum Schwimmen ins Badehaus; wer sich in den kühlen See quälte, muss arm dran gewesen sein. Das sollte sich jedoch bald schlagartig ändern.

Orte für die Schönen und Reichen

Es waren die Schönen und Reichen, die zur Jahrhundertwende, der Belle Époque, vor allem das Westufer bevölkerten. Das biedere Volk

Frischer geht's kaum: Wer auf Qualität in der Küche Wert legt, kauft auf dem Markt *(oben)*. Gastgeber, die etwas auf sich halten, servieren nach dem Essen einen hausgemachten, eiskalten Limoncello – ein guter aus der Vinothek tut es aber auch *(rechts)*. So viel Platz hat man in den Restaurants auf der Piazza delle Erbe in Verona nur ganz selten *(rechte Seite)*.

trudelte Jahrzehnte später nach. Noch im Jahr 1949 steht in »Der Neue Herder« zu lesen, dass Gardone ein »norditalienischer Winterkurort am Westufer des Gardasees« sei. Die Tunnels für die Gardesana Occidentale waren zwar schon 1931 durchbrochen worden, der Durchbruch zum Ganzjahresurlaubsgebiet sollte aber noch auf sich warten lassen. Limone, Gardone Riviera und Salò waren Flecken, die man bis dato besonders gern im Winter aufsuchte, weil es sich im Schutz des Monte Pizzocolo und umgeben von mediterraner Flora gut leben ließ. Im Winter sinkt das Thermometer nur selten gegen null Grad, und in den Sommermonaten lässt es sich bei durchschnittlichen 24 Grad prima aushalten. So wundert es nicht, dass der Winterkurort Gardone inzwischen in allen Lexika zum »Kurort« mutiert ist, freilich immer noch für die Betuchteren.

Gabriele d'Annunzio, italienischer Dichter und Lebemann zu Beginn des 20. Jahrhunderts, hatte Geld. Er war einer von denen, die den Liebreiz des westlichen Ufers schon früh erkannten. Er ließ sich, von Italienern verehrt, von Fremden gemieden, in Gardone nieder, und baute sein »steinernes Testament der Seele«. Hunderttausende besuchen ihn in seinem Mausoleum Jahr für Jahr und schlendern sozusagen im Vorübergehen auch noch durch André Hellers Park. Ein Arzt hatte den Zaubergarten angelegt, und seit der Aktionskünstler ihn 1989 übernommen hat, geben sich Kunstobjekte und Ziergarten ein charmantes Stelldichein (siehe Seite 136 f.).

Eine Nacht in Louis Wimmers »Grand Hotel« – und man atmet den Glanz vergangener Zeiten. Ein Menü hier, im vornehmen Speisesaal, aber genauso in einer einfachen Trattoria – und man schmeckt Italien. Denn den Gardasee erleben, bedeutet, alle Sinne mit einzubeziehen.

Der Geschmack des Sees

Die Seefische und die frischen Weine – schon die alten Römer fanden schnell Geschmack an Lukullus' Geschenken. Olivenöl vom Gardasee, Zitronen und Orangen waren im Mittelalter die Spezialitäten für die Bewohner nördlich der Alpen, denn frisch konnten diese Köstlichkeiten nur vom Gardasee kommen. Die Zeit der Zitronen und

Kräftige und gesunde Corvina-Veronese-Trauben (unten) sind die Grundlage für den Bardolino Classico (rechts unten), den die Winzer auf den Weingütern in und um Bardolino (rechts) produzieren.

Orangen ist vorbei. Ins Leere streben die Säulen der Limonaien in Limone – einer Mischung aus Gewächshaus und Wintergarten –, die in der kalten Jahreszeit die Dächer trugen. Stumme Zeugen dafür, dass hier der Handel mit den sauren Südfrüchten ein zuckersüßes Leben bescherte.

Wer heute in den Genuss der typischen Gardasee-Küche kommen will, könnte es schwer haben, wenn er sich ausschließlich auf Touristenpfaden bewegt. Pizzen aufgebacken, Pasta aufgetaut, Polenta aufgewärmt. Abseits isst es sich besser – dort, wo der Padrone noch die Gäste bedient und berät: Hier kann man die Speisekarte getrost vergessen.

Essen in Italien ist freudige Kommunikation, Palaver, und es beginnt schon mit der Wahl der Gerichte: Mündlich wird das Angebot präsentiert, so dass einem beim Hören schon das Wasser im Mund zusammenläuft. Außerdem weiß der Maestro in der Küche am besten, was gerade an diesem oder jenem Tag frisch und knackig auf den Märkten angeboten wird. Vielleicht ist ja dem Fischer ein Wolfsbarsch ins Netz gegangen, der zweifelsohne am besten über offenem Kohlefeuer gegrillt wird; vielleicht trafen ja die ersten Schüsse in der Jagdsaison ins Schwarze, so dass es statt dem Zuchtkaninchen nun dem Wildhasen an den Kragen geht; vielleicht war ja der alte Antonio mit seiner und der Schnüffelnase seines Hundes

so erfolgreich, dass schon die ersten Trüffel aus dem Valtenesi serviert werden können.

Auch bei der Auswahl des passenden Weines werden die heimischen Gewächse bevorzugt: der leichte, süffige Bardolino oder der etwas bittermandlige Valpolicella von der Ostseite des Sees, der kräftige Groppello oder die Rosé-Variante Chiaretto vom Westufer oder die weißen Lugana oder Custoza aus der Gegend südlich von Sirmione. All diese Gebiete kennen lernen zu wollen, würde einen mehrwöchigen Urlaub in Anspruch nehmen, schließlich sind bei einer derart önologisch geprägten Reise längere Regenerationspausen nötig...

Tonios Engardina

Tonio ist ein aufgeweckter Bursche, äußerlich ganz die Mama: Wenn die kindlichen Züge bald verschwunden sein werden, wird auch er

ein schönes, stolzes, kantiges Gesicht zur Schau tragen. Tonio tobt mit seinen Freunden am Wasser in Garda. Tonio, wer war Engardina? Es sprudelt aus ihm heraus, denn Engardina kenne doch jedes Kind am Gardasee. Eine schöne Fee sei sie gewesen mit blauen Haaren und einem eigenen See, damals vor langer Zeit, und Königin natürlich auch. Und dann sei der Wassergott gekommen, um sie zu heiraten. Aber Engardina wollte nicht. Und um sie zu locken, hätte der Wassergott ihr einen noch schöneren und noch größeren See versprochen, irgendwo, wo immer sie wolle. Da sei Engardina mitgekommen, erzählt Tonio. Und dann hat der Wassergott mit seinem Dreizack dreimal an unsere Rocca geklopft – dahinten, hinter Garda, siehst du den Felsen? –, und so ist unser See entstanden. Das ist das Ende dieser wunderschönen Geschichte. Aber die Sage weiß noch, dass erst Engardinas liebliches Haar das Wasser des Sees so blau färbte.

Szenen aus Giuseppe Verdis
»Nabucco«: Es sind Open-Air-
Spektakel der Extraklasse, die
jedes Jahr im Juli und August
Verona auf den Kopf stellen. Zwar
schimpfen die Künstler wegen der
mangelhaften Akustik in dem weiten Oval, aber wer zu den Großen
der Sangeskunst gehören will,
muss einmal im Leben auf der
berühmtesten Freilichtbühne der
Welt, der Arena di Verona,
gestanden haben.

Seite 52/53:
Abendstimmung bei Brenzone.

Seite 54/55:
Auf dem Turm des Kastells
in Malcesine.

Dichterwonnen und Surferglück

Das nördliche Gardasee-Ufer

Südtirol. Das zergeht uns Deutschen auf der Zunge: im Sommer Wandern, im Winter Ski fahren, Brotzeit mit Speck. Und das Trentino? Vielleicht noch Winterurlaub in Madonna di Campiglio oder dem Fassatal, aber die Provinzhauptstadt Trient fliegt an den meisten Autotouristen nur als Hinweisschild auf der Brennerroute vorbei. Italien beginnt zwar hier im Trentino (das deutschsprachige Südtirol gilt irgendwie als Niemandsland), aber der Urlaub fängt erst später am, am Gardasee vielleicht, in der Toskana oder an der Adria.

Das ist die touristische Maläse Trients, und eigentlich sind die alten Römer daran schuld. Denn schon damals wollte hier niemand so recht länger Halt machen, in der Handelsstation vor den Alpen auf dem Weg nach Norden. Dabei hat die Gegend um Trient, rechts und links der Etsch, wenigstens einen Abstecher verdient: rauf auf die Berge der Brenta-Gruppe im Westen, hinauf in das Suganatal mit dem Lago di Caldonazzo im Osten, hinein in das Lagarinatal mit seinen Burgen im Süden.

Während in Riva (oben) um 1900 Adel und Literaten Muße fanden, drohte der Nachbarort Torbole im touristischen Niemandsland zu versinken. Auf einem Brett (ganz oben) boomte sich das ehemalige Fischernest dann vor zwei Jahrzehnten nach oben: Torbole gehört inzwischen zu den besten Surfspots der Welt, und im Sommer wird es am Strand genauso eng wie auf dem See (rechte Seite). »Bella Italia« am Gardasee: Das gilt für die Landschaft genau so wie für Bauwerke. Und die Menschen stehen dem in nichts nach (rechts).

Der Adel liebte das Trentino

Im Gegensatz zu den römischen Bürgern wussten die Herrschaften der k.u.k.-Monarchie Trentinos Reiz zu schätzen. Im Winter suchte das Adelsvolk die Abfahrten im Trentino, und im Sommer wurden mit komfortablen Kuren Leiden gelindert. Dann war Krieg und nach 1919 nichts mehr wie vorher: Im Frieden von Saint-Germain musste Österreich das nördliche Gardasee-Ufer und die Region Trient an Italien abgeben. Die Urlauber aus dem Norden blieben aus, der Zweite Weltkrieg begann, und nur mühsam schaffte das Trentino den touristischen Anschluss.

Wenn überhaupt. Denn da ist er wieder, dieser unbändige Wunsch, nach der Brennerüberfahrt nun bald in den sonnigen Gefilden anzukommen; die Stadtbesichtigung Trients kann doch bitte auf ein andermal verschoben werden. Und dann auf der Rückfahrt kehrt sich die Sehnsucht in das Bestreben um, den Brenner endlich hinter sich zu wissen; wer mag da schon eine Stadt besichtigen? Aber vielleicht tut man sich mit einem Städtchen des Trentino leichter, *Rovereto* zum Beispiel. Die venezianisch geprägte Altstadt macht ihrem Namen alle Ehre, und wer die Muße für Feuerwaffen aufbringt, kann zur Festung aus dem 15. Jahrhundert hinaufsteigen. Tatsächlich fahren auch die meisten Gardasee-Urlauber in Rovereto von der Autobahn, allerdings nur, weil der Lago lockt, denn von hier aus geht es am schnellsten zum Wasser. Dabei ist die Alternative zum Gardasee durch das Sarcatal die schönere und romantischere. Aber auch wer sich für Rovereto-Süd entscheidet, wird nicht enttäuscht, denn kurz hinter Nago ist Ortstermin mit anderen Neuankömmlingen: Von einem Parkplatz an der Serpentinenstraße öffnet sich ein erster weiter, stattlicher Blick über den See.

Die Begrüßung ist würdevoll

Es ist, als wollte der See mit diesem Postkartenmotiv den Besucher empfangen und ihn ein wenig für die Strapazen der Anreise entschädigen. Früher noch mehr als heute, denn auch auf Goethe hat genau dieser Ort wohl jene Faszination ausgeübt, die er seinem Notizbuch mit dem bekannten euphorischen Ausbruch anvertraute: Dass er ja kurz vor den Toren Veronas stehe, er aber diese herrliche Naturwirkung, dieses köstliche Schauspiel, den Gardasee, nicht versäumen wolle. Dann kommt *Torbole*.

Damals, zu des Geheimrats Zeiten, war es noch ein verarmtes Fischerdorf, heute ist das Terrain teuer: ein zu Weltruhm gelangter Topspot für Surfer. Denn von irgendwoher pustet's hier immer, in der Szene rangiert das Örtchen fast gleichauf mit dem Surferparadies Hawaii. Zuweilen müsste der stürmische Ort jedoch wegen Überfüllung geschlossen werden.

In den frühen Morgenstunden bläst der Sover oder Tramontana genannte Wind aus dem Norden, und wer mit diesem gen Süden gesurft ist, nimmt so gegen elf Uhr die Ora, um sich retour bringen zu lassen – die Winde drehen und wehen hier mit unglaublicher Regelmäßigkeit. Für surfende Greenhörner können die Fallwinde von den Bergen und aus den Tälern sehr tückisch sein. Jedenfalls kommen all jene mit gleicher Beständigkeit an diesen Ort zurück, die es quirlig mögen und grell, Discos brauchen und Bars. In Torbole tobt das Leben, und ein bisschen Rahmenprogramm bietet der Ort auch: Auf dem Weg nach Nago hat die Eiszeit in den *Marmitte dei Giganti* Spuren hinterlassen. Diese gewaltigen Löcher, von den Italienern liebevoll »Kochtöpfe der Riesen« genannt, sind entstanden, als das wirbelnde Schmelzwasser der Gletscher an den Felsen fraß. Auch zwischen Nago und Arco ist dieses eiszeitliche Wunderwerk zu beobachten.

Ausflüge machen den Urlaub am Gardasee zu einem echten Erlebnis: Tenno lockt mit einem wild-romantischen Tal (ganz oben), und Mountainbiker werden mit fantastischen Ausblicken belohnt (oben). Ein Muskelkater wird sie nicht davon abhalten, sich abends noch in der Bar zu treffen (rechts).

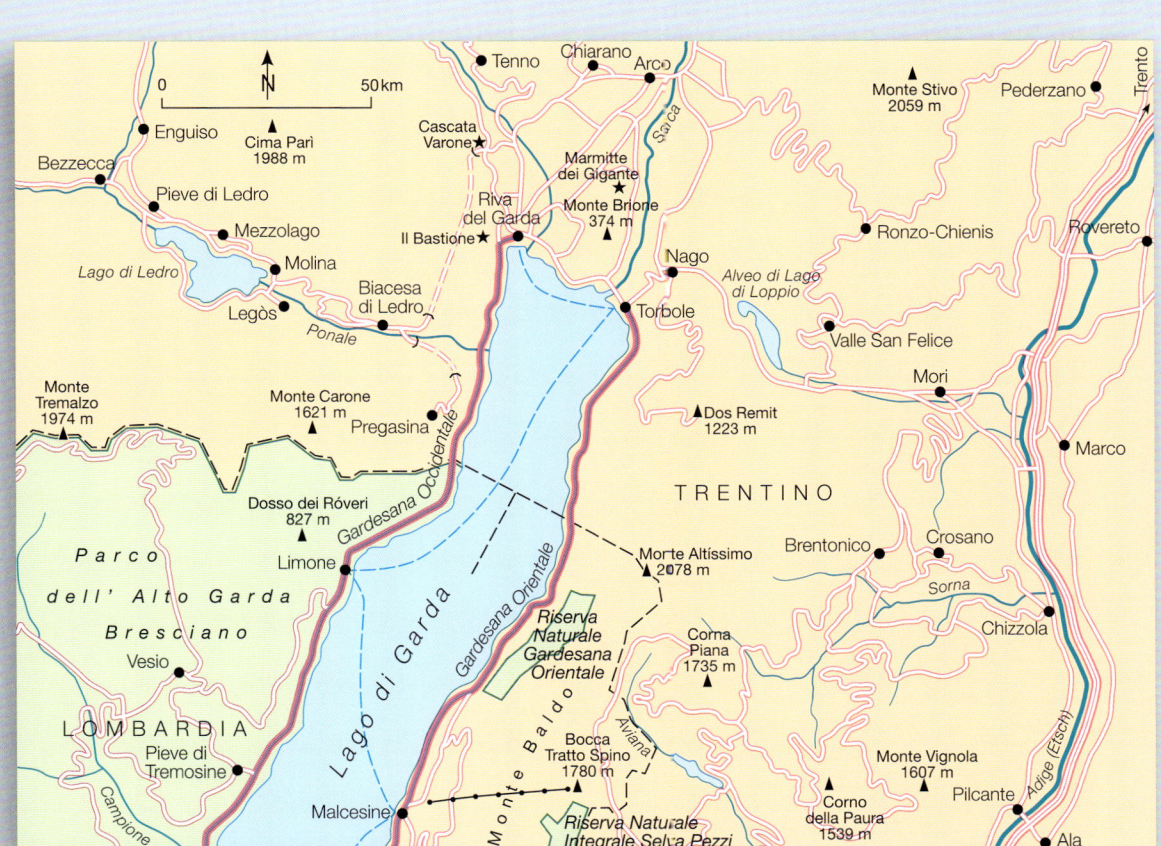

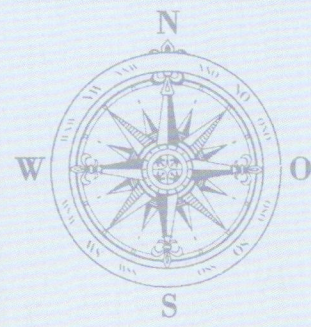

Wir sind alle Brüder

Solferino – dieser Name ist verbunden mit dem vielleicht traurigsten Kapitel der norditalienischen Geschichte. Auf der einen Seite. Auf der anderen steht Solferino aber auch für Hilfsbereitschaft, Wärme, Güte. In dem kleinen Ort südlich des Gardasees tobte im Juni 1859 eine grausame Schlacht zwischen den verbündeten Italienern und Franzosen unter Napoleon III. und dem Habsburgischen Heer. 300 000 Soldaten stießen aufeinander und richteten ein fürchterliches Blutbad an, mehr als 40 000 Menschen starben. Der schweizerische Finanzdirektor Henri Dunant war Augenzeuge des Gemetzels. Es sollte ihn nach vielen schlaflosen Nächten auf die Idee bringen, eine Hilfsorganisation zu gründen.

Drei Jahre später veröffentlichte er, noch immer unter dem Eindruck von Leid und Tod, seine Schrft »Eine Erinnerung an Solferino« und legte damit den Grundstein zu einer Hilfsorganisation. Ihr Motto: »Wir sind alle Brüder«. – So entstand das Rote Kreuz.

Spaziergang auf der Hafenmole von Torbole (oben). – Wem der Ansturm am Gardasee zu viel ist, der sollte zum Lago di Ledro fahren (unten).

Von österreichischem Charme und italienischem Flair

Überhaupt *Arco*: Was Torbole den Surfern, das bedeutet Arco, in einem fruchtbaren Tal von steilen Felswänden umgeben, den Kletterern. Und als wär's noch nicht genug der Anmut mit den Zweitausendern ringsum, reckt sich im Ort ein Berg gen Himmel, wie geschaffen für das wehrhafte Gemäuer derer von Arco. Natürlich hatte das Adelsgeschlecht im 12. Jahrhundert die strategische Lage dieses steinernen Hügels im Blick und folgte damit den Spuren der Goten, die den Felsen schon rund 700 Jahre früher mit einer Art Ringmauer befestigt hatten. Wenn Gefahr drohte, war man hier oben nahezu unangreifbar.

Nur mit den besten Absichten rückten dagegen im vorletzten Jahrhundert die Österreicher in Arco ein: Sie eroberten das liebliche Tal zum Zweck der Genesung und des Müßiggangs, und so ließ Erzherzog Albert von Österreich hier neben einem Palast auch noch ein paar kleinere Chalets und Wintergärten bauen. In Sachen Architektur waren die Herren von Arco nicht kleinlich, um ihre Vorstellungen von Palästen zu verwirklichen. Nimmt man die beiden kleinen mittelalterlichen Kirchen dazu und den alten, gut erhaltenen Dorfkern – wenn's am See unerträglich wird, lässt es sich in Arco gut aushalten. Aus *Riva del Garda* fliehen viele nach Arco. Und sie verbinden diesen Ausflug mit einer Serpentinentour ins Tennotal und dem Besuch der Cascata Varone, einem spektakulären Wasserfall von etwa 80 Metern Höhe – eines von mehreren Naturspektakeln rund um Riva. Da ist zum Beispiel der 374 Meter hohe Monte Brione mit den Überresten der Stammburg des Arco-Geschlechts sowie der Monte Rocchetta, Rivas Hausberg. Wer die 1567 Meter hohe Felswand in ihren ganzen Ausmaßen erleben will, muss sie mit Seil und Haken, Händen und Füßen erklettern. Alle anderen werden wohl eher auf die Wanderwege ausweichen und dabei ebenfalls mit prächtigen Ausblicken über das Wasser und die größte Stadt am nördlichen Seeufer belohnt. Oder man steigt muskelschonend in den Sessellift und besucht Il Bastione, einen Anfang des 16. Jahrhunderts von den Venezianern gebauten Turm am Monte Rocchetta.

Wie in keiner anderen Stadt am See leben in Rivas Häuserfassaden österreichischer Charme und italienisches Flair dicht beieinander. Bis 1919 wurden die Menschen hier aus Wien regiert, erst danach hatte Rom das Sagen, genauer: Trient, denn das nördliche Seeufer gehört zum Trentino. Wer Riva nur als Ausgangspunkt für die Fahrt gen Süden auf der Gardesana Occidentale betrachtet und keinen Blick hat für die reizvolle Architektur auf der Piazza III. Novembre oder für das Wahrzeichen der Stadt, den vergoldeten Engel auf dem Apponale-Turm – nun ja, der wird weder Friedrich Nietzsche noch Thomas Mann verstehen können: Beide liebten Riva.

Hoch über Arco thronen die Ruinen jener Burg (linke Seite), die schon Albrecht Dürer vor mehr als 500 Jahren in seinem berühmten Aquarell verewigte. – Ob's nun ein ausgedehntes Menü oder nur ein Espresso sein soll: In der Altstadt von Riva (oben und links) findet jeder sein Plätzchen – fern von störendem Autolärm, denn fahrbare Untersätze wurden aus dem Stadtzentrum verbannt.

Fortsetzung Seite 67

Segeln, Surfen oder Biken

Sport und Spaß am Gardasee

1 Zur Centomiglia treffen sich jedes Jahr die besten Segler auf dem Gardasee. – 2 Trockenen Fußes alles im Blick: Surfwettbewerb bei Torbole. – 3 Trotz sportlichen Ehrgeizes steht der Spaß am Segeln bei der Centomiglia im Vordergrund. – Material ist das eine (4) und Können das andere (5). 6 Für Mountainbiker gibt es zunächst nur eine Richtung: bergauf. 7 Ideales Mountainbike-Terrain: Wege, Routen und Touren sind am Monte Baldo bestens markiert.

*Seite 64/65:
Torbole vor dem steilen
Monte Brione.*

Wasser und Berge – die Natur in Italiens Norden garantiert Sport und Spaß: Surfern, Seglern, Bikern und den waghalsigen Kletterern hoch oben in den steilen Wänden der Brenta-Gruppe. Aber auch die vielen Klettersteige am nördlichen Seeufer und rund um Arco sorgen für reichlich Adrenalinausstoß, wie der Aufstieg zur Berghütte Rifugio Pirlo am Monte Spino: nur 100 Meter kurz, aber so senkrecht wie ein Eis am Stil. Unten warten derweil die Surfer auf ihren Wind. Der kommt garantiert, an zehn von 14 Tagen bläst er so stark, dass die Bretterfreaks wahre Freudentänze aufführen – auf dem Wasser, versteht sich. Wenn der Vento oder Sover aus dem Norden weht oder die Sarca aus dem gleich-

namigen Flusstal über den See pustet, dann füllt sich das Wasser. Mit Anfängern. Die Könner tauchen erst auf, wenn der Wind gedreht hat, auf Süden, wenn es stürmisch wird, dann peitscht die Ora übers Wasser. Und in den schrillen Surferschänken herrscht Ruhe, die Campingplätze sind wie ausgestorben: Rushhour auf dem Wasser, Hochbetrieb auf

der »Rennbahn« zwischen Torbole und Riva.

Die Ora entsteht, wenn die Sonne das Sarcatal nördlich von Riva erhitzt hat und die Luft aufsteigen lässt. Dann fegt dieser Wind aus dem Süden heran und liefert Nachschub, prompt und zuverlässig so gegen elf Uhr vormittags, an (fast) allen Sonnentagen. Wehe dem, der die Natur-

6

7

5

und der Marmolada eine echte Herausforderung für Biker ist. Früher war der Pfad alles andere als friedlich: Hier, auf einer rund 300 Kilometer langen Frontlinie, bekämpften sich Italiener und Österreicher im Ersten Weltkrieg auf Leben und Tod.

Weniger schweißtreibend als der Sentiero della Pace sind dagegen die Touren auf den Monte Baldo; den Aufstieg mit Rucksack und Radl übernimmt die Seilbahn ab Malcesine. Doch nicht nur die Berge rund um den nördlichen Seeabschnitt haben es Bikermuskeln angetan, auch im lieblicheren Süden schlägt des Radlers Herz auf markierten Wegen und Pisten höher. Zwischen Maderno und Gardone Riviera zum Beispiel, in den Hängen des Monte Pizzòcolo und Monte Spino.

gewalten unterschätzt: Aus dem stillen Wasser macht die Ora einen aufgewühlten See mit weißen Schaumkronen auf den Wellen, und wer sein sportliches Handwerk nicht beherrscht, wird gnadenlos bestraft. Regelmäßig muss der Küstenschutz ausrücken und gefährdete Surfer oder Segler retten. Die halten Abstand zu den Surfern, bevölkern

eher den Mittelteil des Sees, wo die Berge zu Hügeln werden. Regatten gibt es hier das ganze Jahr über, berühmt-berüchtigt ist vor allem die Centomiglia Anfang September.

Was aber tun, wenn mal Wolken den Himmel verhängen und die Thermik ausbleibt? Was machen Aktivsportler bei Windstille? Dem Ruf der Berge folgen, sagten sich

die Boardverleiher und besorgten sich kurzerhand Mountainbikes. Denn die Hänge rund um den nördlichen See haben es in sich, wie die ehemalige Militärstraße vom Monte Tremalzo hinunter nach Limone. Oder der Sentiero della Pace, der »Friedenspfad«, wie er heute heißt, dessen gesamte Strecke zwischen Stilfser Joch, Gardasee

Wohin mit den Urlaubern?

Wer heutzutage mit der Fähre nach Limone tuckert, tut dies oft eher unfreiwillig: Nicht selten zwingen Reparaturarbeiten auf der Gardesana Occidentale dazu. Dann ist ein Plätzchen auf der Autofähre zwischen Riva und Limone sehr begehrt, und am südlichen Hafen Rivas staut sich die Autokolonne mit leicht genervten Urlaubern. Aber eine solche Schifffahrt soll ja auch ihren Reiz haben. Sicher ein spärlicher Trost, denn die Fahrt über die Gardesana Occidentale ist ein Erlebnis, der Wechsel zwischen düsteren Tunnels und lichten Brücken, das Wasser, das mit den Felsen spielt, der Blick hinüber auf den Monte Baldo – hier ist mehr als andernorts die Straße das Ziel, und dieser Weg ist ein Muss. Für einen Gardasee-Neuling sowieso.

An Limone hingegen scheiden sich die Geister, denn jene Geister, die der Ort einst rief, sind ihm längst zum Verhängnis geworden. Der

In atemberaubenden Serpentinen schlängelt sich die Straße durch die Felsen am Westufer hinauf nach Pieve di Tremosine (linke Seite). Wer das Abenteuer wagt, kann herrliche Ausblicke auf den Gardasee genießen. – Petri heil! Im klaren Wasser des Ledrosees tummeln sich prächtige Fische (links), und trotz des touristischen Angebots hat sich der See den ruhigen Charme eines Bergsees bewahrt (unten).

Tourismus ist einfach nicht mehr zu bändigen. Das mögen Limones Liebhaber anders sehen, aber nirgendwo sonst zeigen sich die geografische Enge und begrenzten touristischen Möglichkeiten rund um den Gardasee deutlicher als in Limones Mangel an Raum zum Leben und Luft zum Atmen. Übrigens: Limone verdankt seinen Namen keineswegs dem italienischen Wort für Zitrusfrüchte, die in den Limonaien lange Zeit angebaut wurden; vielmehr stammt er vom lateinischen Limes, der Grenze, die hier einst zwischen Österreich und Italien verlief.

Goethe – ein Spion?

Wer Staustress und Tunnelangst weiträumig umfahren will (und damit freilich auch ein schönes Stück Gardasee), der entscheidet sich in Riva oder Torbole für die Ostuferstraße, die Gardesana Orientale. Landschaftlich kann sie ihrem Pendant auf der anderen Seite nicht das Wasser reichen, im Hochsommer geht es allerdings auch hier kaum schneller als im Schritttempo voran. Tunnels gibt es nur auf den ersten Kilometern hinter Torbole, und einen davon lässt man links liegen: Hier, am Fuß des Monte Baldo, endet ein gut zehn Kilometer langer Stollen zwischen der Etsch und dem Gardasee, der bei Hochwasser den Fluss reguliert und Wasser in den See ableitet.

Dann kommen *Malcesine*, die Burg, und noch einmal der so gern und oft zitierte Goethe. Nicht nur die Büste im Burghof erinnert werbeträchtig daran, dass es den Dichter am 13. September 1786 hierher verschlug. Und fast wäre er verhaftet worden, weil er das alte Gemäuer mit Bleistift skizzierte und ob dieser mysteriösen Handlung für einen österreichischen Spion gehalten wurde. Der Überlieferung nach soll sich der Dichter wortreich aus der prekären Situation befreit und fortan ein paar schöne Stunden unter Malcesines Bürgern verbracht haben.

Gleiches sollte auch gut 200 Jahre später möglich sein: Natürlich gehört der Besuch der erwähnten prachtvollen Scaliger-Burg dazu. Der Frankenkönig Pippin baute als erster auf diesem steilen Felsen

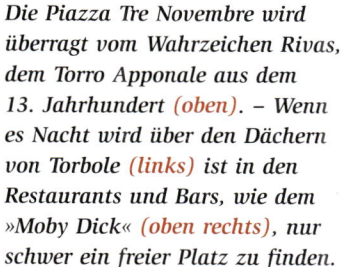

Die Piazza Tre Novembre wird überragt vom Wahrzeichen Rivas, dem Torro Apponale aus dem 13. Jahrhundert (oben). – Wenn es Nacht wird über den Dächern von Torbole (links) ist in den Restaurants und Bars, wie dem »Moby Dick« (oben rechts), nur schwer ein freier Platz zu finden.

Seite 70/71:
Die Burg von Tenno bei Sonnenaufgang.

eine Festung, die dann ab 1277 von den Scaligern erweitert wurde. Heute beheimatet das Castello Scaligero ein Museum mit Waffen und archäologischen Funden aus der Gegend. Natürlich ist ein Bummel durch die Gassen Pflicht (im Sommer nur mit Ellenbogeneinsatz möglich) bis hinüber zum Palazzo dei Capitani del Lago am Hafen. Der Palast im Renaissancestil mit einem hübschen Palmengarten erinnert lebhaft an den Einfluss der venezianischen Statthalter, die hier über die Seerepublik von Venedig wachten.

Der Berg ruft

Landschaft total verspricht eine Fahrt mit der Funivia, der Seilbahn, auf den Bocca Tratto Spino, die 1780 Meter hohe Bergstation des *Monte Baldo*. Die Aussicht ist grandios. Wer kann, sollte die Rückfahrt an der Mittelstation beenden und den Weg nach Malcesine zu Fuß zurücklegen. Auf gut markierten Pfaden geht's über Stock und Stein, und man versteht jetzt, warum die östliche Seite des Gardasees auch »Riviera degli Olivi« genannt wird: Olivenbäume, so weit das Auge reicht. Vielleicht hat diese kleine Wanderung ja die Lust geweckt, mehr auf Schusters Rappen zu entdecken: Von Malcesine aus kann man viele wunderschöne Ausflüge und ausgedehnte Tagestouren unternehmen.

1

Der Gardasee lässt grüßen

Das idyllische Sarcatal

3

2

Es besteht kein Zweifel: Eine schönere Einstimmung auf den Urlaub am Gardasee als die Fahrt durch das Sarcatal kann es nicht geben. Am besten verbunden mit einem Kurzbesuch in Trient.

Der Reiz der Stadt liegt, damals wie heute, in ihrer geografischen Lage am Fuß der Alpen begründet, zwischen italienischer und germanisch geprägter Kultur. Das war auch der Anlass, warum Papst Paul III. Mitte des 16. Jahrhunderts jenes entscheidende Konzil zur Kircheneinigung nach Trient berief. Doch es nutzte nichts: Am Ende stand nach fast achtzehnjähriger Beratung die Kirchenspaltung fest. Trient hat die nächsten Jahrhunderte mehr oder minder verdöst, obgleich die Altstadt sehenswert

ist – der romanische Dom etwa hat eine äußerst interessante Baugeschichte und beherbergt auch im Innern kunsthistorische Schätze.

Auch die Natur begeistert, schon auf der Passstraße über Terlago und Vezzano hinunter zum Toblinosee. Tiefblau ist das Wasser, umgeben von Wäldern und felsigen Bergrücken, Weinbergen und einer zypressengesäumten Straße. Das Castel Toblino auf der Halbinsel hat seine besten Tage hinter sich; heute beherbergen die Räume im Renaissancestil ein prunkvoll gestaltetes Restaurant. In Toblino teilt sich die Straße gen Süden, die kleinere über Lasino und Cavedine ist die reizvollere: Sie führt durch die Marocche, eine Hinterlassenschaft der Eiszeit. Als das Eis zu

4

schmelzen begann, stürzten riesige Felsbrocken von den umliegenden Bergen ins Tal und machten ein Passieren unmöglich. Mit ein bisschen Fantasie lassen sich die gewaltigen Steine wie bei einem Puzzle wieder an die richtige Stelle im Hang projizieren.

Bei Drena vereinen sich die beiden Straßen wieder. Wer im Sommer unterwegs ist, sollte den mittelalterlichen Markt auf der Burg Drena besuchen. Die Handelsreisenden, die zum See oder in die Berge wollten, mussten hier ihren Obolus entrichten. Wer heute nach Drena kommt

6

5

oder Dro oder Chiarano oder Arco, hat mit Handel nur wenig im Sinn: Er will meist hoch hinaus, klettern in den Bergen des Sarcatals.

Arco hat sich als Kletterhochburg weltweit einen Namen gemacht: Jedes Jahr trifft sich die Elite der Freeclimber, um in den Bergüberhängen ihren »Rock Master« zu küren. Aber auch die Hobbykletterer bevölkern das Städtchen und treiben sich lieber in den Felsen herum als in der hübschen Altstadt. Die wehrhaften Mauern der Burg von Arco erklimmen freilich auch sie auf normalem Weg. Das Adelsgeschlecht von Arco baute das Kastell als Basis seiner Macht. Ein Franzose, General Vendôme, ließ sie im spanischen Erbfolgekrieg sprengen, doch selbst als Ruine ist die Anlage beeindruckend.

1 Bronzebüste eines Römers im Castello del Buonconsiglio in Trient. – 2 Der Blick von der Burg Drena reicht über das Sarcatal und die Steinwüste der Marocche zu schroffen Felsen, einem Paradies für Freeclimber. – 3 Die Burg von Arco wurde im 12. Jahrhundert zum Schutz des Sarcatals erbaut. 4 Beherbergt ein edles Restaurant: das Castel Toblino auf einer Landzunge im Toblinosee. – 5 Darstellung des Monats Mai in dem berühmten zwölfteiligen Freskenzyklus aus dem 15. Jahrhundert, der im Torre dell'Aquila, dem Adlerturm des Castello del Buonconsiglio, zu besichtigen ist. – 6 Barockes Wasserspiel: der Neptunbrunnen auf dem Domplatz von Trient.

Seite 74/75:
Der Neptunbrunnen auf dem Domplatz in der Altstadt von Trient.

Zwischen Bergalm und Zitronenhain

Das Westufer des Gardasees

Wer es darauf anlegt, kann den Gardasee an einem Tag mit dem Auto umrunden; freilich dürfen keine größeren Staus dazwischen kommen. Es wird dann auch nur Zeit für ein kurzes Sightseeing hier und einen schnellen Cappuccino dort sein. Kurzurlauber auf dem Wochenendtrip mögen so einen Eindruck gewinnen – mehr aber auch nicht. Die Landschaft des Gardasees jedoch bietet mehr als nur Uferstraße und Seepromenaden, Palasthotels und Camping unter Olivenbäumen. Besonders gilt dies für das Westufer. So schön und reizvoll die Fahrt auf dieser Straße auch sein mag – wer die Gardesana Occidentale ab und zu verlässt, erlebt den Gardasee von seiner anderen Seite: natürlich ungezügelt, landschaftlich spektakulär, atemberaubend ruhig.

Zitronen vom Gardasee (ganz oben) waren einst im Norden heiß begehrt. Heute bringen Urlauber das Geld nach Limone (Mitte und rechts). – Sightseeing unter südlicher Sonne macht durstig – eine kühle, frische Wassermelone schafft Abhilfe (oben).

Wohnen wie in einem Adlerhorst

Die erste Möglichkeit, auf diese Weise Bekanntschaft mit dem See zu machen, bietet sich gleich hinter Limone. Wer sich allerdings nicht ganz schwindelfrei fühlt, muss bei einigen Straßenabschnitten um sein Gleichgewicht fürchten. Die Terrazza del brivido, die »Terrasse des Schauderns«, ist eine solche Stelle: Unvermittelt geht's hier 300 Meter in die Tiefe. Und auch die wenigen Ortschaften und Gehöfte der Gemeinde Tremosine liegen zwischen Himmel und Erde. Wer hier in einem Hotel absteigt, darf sich wie im Adlerhorst fühlen.

Wie eine Hochalm liegt *Tremosine* eingebettet zwischen den steilen Hängen zum See und den Gebirgszügen im Westen. Kühe weiden hier und Schafe, Wein wächst auf steinigem Boden, und natürlich dürfen auch die Olivenbäume in der Sonne nicht fehlen. Pieve di Tre-

mosine ist der Sitz der Gemeinde, 413 steile Meter über dem See, und könnte man es nicht allenthalben nachlesen, man hielte es nicht für möglich: Auch in diesem Bauernnest lebten vor gar nicht ferner Zeit Fischer, die mit leeren Händen den halsbrecherischen Felsweg zum See hinab- und Stunden später, den Fang geschultert, in ihre Dörfer hinaufsteigen mussten.

Genauso machten es ihre Frauen, die morgens in aller Herrgottsfrühe den Berg hinunter kraxelten und mit dem Schiff in die heute längst verlassenen Papiermühlen von Toscolano fuhren, um dort ihr Geld sauer zu verdienen. Man mag sich kaum vorstellen, wie sie abends nach Limone zurückschipperten und nach einem harten Arbeitstag auch noch den steilen, steinigen Aufstieg in ihr Dorf unter den Wolken meistern mussten.

Ein Dorado für Wanderer

Das Leben ist angenehmer geworden: Heute bringen Touristen das Geld auf den Berg, viele von ihnen beziehen Quartier in einer der Herbergen und erwandern diesen schönsten Teil des *Parco dell'Alto Garda Bresciano* (Naturschutzpark des Brescianer Oberen Gardaseegebiets), der sich am See von Salò bis Limone und im Westen bis zum Monte Cingla ausdehnt. Ein Dorado für Naturfreunde, und wer gut zu Fuß ist, wird es mit dem Montagnoli aufnehmen: Über gut 50 Kilometer reicht der Bergrücken auf einer Höhe von 400 bis 600 Metern von Salò nach Limone.

Eine der – auch bei Mountainbikern – beliebtesten Strecken ist kürzer und führt von Pieve nach Tignale; dahin sollten freilich auch alle, die die Tremosine-Hochebene von Limone aus mit dem Auto erklommen haben. Wer das schönste Stück der Gardesana Occidentale zwischen Limone

Eine Welt für sich ist die Hochebene von Tremosine. Wer hierher kommt, ist meist auf Schusters Rappen unterwegs, denn die Berge und Täler sind ein ideales Wandergebiet (oben). Mit einer Vespa macht es noch mehr Spaß, die enge Straße hinauf nach Pieve di Tremosine zu fahren (Mitte). Typisch für den Gardasee sind die farbenfrohen Blumen an den Balkonen wie hier in der Via Porto in Limone (rechts).

und Gargnano bereits kennt, wird deshalb oben in Tremosine bleiben und die 25 Kilometer lange Serpentinenstrecke um den Campione-Bach wagen. Alle anderen fahren zurück nach Limone, um sich die Tunneltour auf der Gardesana bis Muslone zu gönnen.

Hier zweigt wieder eine Bergstraße ab, diesmal hinauf nach *Tignale*. Die Landschaft ähnelt der von Tremosine, doch Tignale kann mit einem kunsthistorischen Kleinod aufwarten, das den Weg lohnt: die Wallfahrtskapelle Madonna di Monte Castello, erbaut auf den Resten einer Scaliger-Burg, die zwischen Trient, Brescia, Verona und Mailand zu manch kriegerischer Auseinandersetzung führte. Natürlich war die Lage so scheinbar frei schwebend über dem See ein Glücksfall für jeden Militärstrategen; im 16. Jahrhundert dann wurde aus der Festung eine Kirche und ein Kloster. So kehrte endlich der Friede ein, den dieser traumhafte Ort hoch über dem Wasser auch verdient hat.

Map

N 0 ___ 50km

TRENTINO

Storo
Darzo
Massangla
Monte Tremalzo 1974 m
Monte Carone 1621 m
Lodrone
Bagolino
Cima Spessa 1820 m
Dosso dei Róveri 827 m
Dosso Alto 2065 m
Bondone
Limone
Càffaro
Monte Cingla 1665 m
Vesio
Corna Zeno 1619 m
Vesta
Magasa
Parco dell' Alto Garda Bresciano
Tremosine
Anfo
Persone
Armo
Pieve di Tremosine
Bisénzio
Zumiè
Campione
Malcesine
Ono Degno
Droanello
Madonna di Monte Castello
Cassone
Lavenone
Lignago
Gardola
Assenza
Pieve Vécchia
Idro
Tignale
Castello de Brenzone
Lago di Valvestino
Muslone
Gardesana Occidentale
Magugnano
Vestone
Brenzone
LOMBARDIA
Gargnano
Monte Baldo
Prováglio
Gaino
Bogliaco
San Zeno
Castelletto di Brenzone
Coàl Santo 2074 m
San Martino
Monte Spino 1488 m
Rifugio Pirlo
Gardesana Orientale
Prada
Sabbio Chiese
Monte Pizzòcolo 1582 m
Gaino
Villanova
Cereto
Vobarno
Fasano
Toscolano
Maderno
VENETO
Gardone Riviera
Il Vittoriale
Lumini
Vilmezzano
Sopranico
Berniga
Salò
Torri del Benaco
Castion Veronese
Isola di Garda
San Fermo
Pésina
Tasso
Caprino
Gavardo

Lago d'Idro
Lago di Garda
Monte Montagnoli
Chiese
Barbarano
Toscolano

Wer ein Hotel direkt am See bucht, dem ist ein exklusiver Platz an der Sonne sicher.

Vorne das Wasser, hinten die Berge – in Limone drängeln sich Häuser und Dächer bis hinunter zum Porto Vecchio, dem alten Hafen (oben). Enge Gassen und steinerne Treppen führen durch den Ort (rechts); Parkplätze für Autos sind rar und heiß begehrt. Und weil der Wagen sowieso nicht mehr gebraucht wird, darf's auch schon mal ein Drink mehr sein (rechte Seite oben).

Seite 82/83:
Die Gardesana Occidentale bei Campione.

Wo Palmen und Zedern wachsen

Zurück auf der Gardesana, bleiben bis Gargnano noch zwei Tunnels. Es ist die Brescianer Riviera, zwar weniger spektakulär als der nördliche Abschnitt, aber die Straße verläuft immer direkt zwischen dem Wasser und den Ausläufern der Alpen. Die Landschaft wird lieblicher, und ein besonders mildes Klima lässt hier Palmen und Zedern wachsen.

Das Stück, das *Gargnano* vom großen Kuchen »Massentourismus« abbekommen hat, ist ein relativ kleines. Schwer zu sagen, warum. Aber es ist gut so. Sicherlich hat es nichts damit zu tun, dass Benito Mussolini hier zwischen 1943 und 1945 im Palazzo Feltrinelli seiner »Republik von Salò« von Hitlers Gnaden vorstand. Auch *Bogliaco* gehört nicht zu den Top Ten der Tourismusbranche, aber die

Spannender und spektakulärer ist die Fahrt in die Berge, von Gargnano ins *Toscolanotal*. Wieder Serpentinen, wieder wunderschöne Ausblicke, wieder Wald und ab und zu Ackerbau bis zum *Lago di Valvestino*, einem 14 Kilometer langen, fjordähnlichen Stausee mit dem 1582 Meter hohen Monte Pizzòcolo im Rücken. Nur ein paar Autokilometer weiter geht es dann hinab zum *Lago d'Idro*: Rund elf mal zwei Kilometer misst dieses stille Gewässer, das den Italienern sehr ans Herz gewachsen ist. Vielleicht weil man sich … in die Lombardei versetzt fühlt, mit dem kleinen Unterschied, dass die Temperatur des Wassers in besonders warmen Sommern schon mal herrliche 25 Grad erreichen kann. Von den beiden Orten Idro und Anfo hat letzterer sogar einen Platz in der Geschichte sicher: 1866 war Anfo Kommandozentrale Guiseppe Garibaldis.

Hochsaison das ganze Jahr über

Es bietet sich durchaus an, auf der Strada 237 am Fluss Chiese entlang durch das abwechslungsreiche Sabbiatal zurück zum Gardasee nach Salò zu fahren. Man könnte vielleicht in Vestone oder Sabbio Chiese Station machen, hier eine uralte Dorfkirche bewundern, dort eine Burg besichtigen und sich über den unaufdringlichen Charme der alten italienischen Dörfer freuen. Dann kommt nämlich Salò, und dort geht es sehr viel lebhafter zu. Seit der ersten Besiedlung schlägt in Salò der Puls des westlichen Ufers, und das milde Klima im Schutz der Voralpen meint es so gut, dass die Hochsaison das ganze Jahr über dauert. Freilich profitierte der Ort nicht unwesentlich von der touristischen Entwicklung, die das nur wenige Kilometer nördlich gelegene *Gardone Riviera* seit Ende des 19. Jahrhunderts genommen hat. Noch immer ist der Charme der Belle Époque dort sehr lebendig, und es war ein Deutscher, der in einem Dorf den Grundstein legte, das bis dato nur aus einem Hafen und einer Kirche am Hang bestand. Die Kirche gibt es noch heute, oben am Berg, und der Stadtteil heißt Gardone di sopra. Da, wo auch ein gewisser Gabriele d'Annunzio

Zeiten, da beide Orte noch als Geheimtipp gehandelt wurden, sind schon lange vorbei. Vor allem die Pracht des Palazzo des Grafen Bettoni hat sich längst herumgesprochen, auch wenn sich seine ganze Schönheit eigentlich nur vom Wasser aus erschließt.

Hier gibt es nun wieder zwei Möglichkeiten, in südlichere Gefilde vorzudringen: am Wasser entlang oder über die Berge. Entscheidet man sich für die erste Variante, gelangt man nach Toscolano-Maderno, einem wenig spektakulären Ferienort. Seine Blütezeit liegt aber auch schon ein paar Jahrhunderte zurück, genauer gesagt im Mittelalter, als man mit dem Wasser des Toscolano-Flusses sehr erfolgreich Papiermühlen antrieb. Papier mit dem Ochsenkopf als Siegel war lange Zeit sehr begehrt, heute sind die Fabrikruinen ein beliebtes Ziel von Wanderern.

Fortsetzung Seite 86

Die schönste Straße Europas

Die Gardesana Occidentale

1 Reizvoll und gefährlich zugleich: der Wechsel von Licht und Schatten. – 2 Für die Autopioniere war die Gardesana noch ein echtes Abenteuer. – 3 Die ersten Autotouristen ließen sich vornehm chauffieren (1910). – 4 Damals war nicht immer sicher, ob die Pferdestärken bis hinauf nach Tremosine reichten. – 5 Heute ist die Fahrt zwischen tiefblauem Wasser und senkrecht abstürzenden Felsen Genuss pur. – 6 Ob diese Baumeister 1913 ahnten, dass sie der Nachwelt eine der faszinierendsten Straßen Europas hinterlassen würden? 7 Fußgänger würden heutzutage auf der Straße nach Tremosine ein Verkehrschaos auslösen (1910). 8 Dereinst viel bestaunt: ein Fiat Tipo 1 (1910).

Es soll Menschen geben, die die Gardesana Occidentale in ziemlich schlechter Erinnerung haben. Vielleicht, weil ihnen die obligatorischen Sommerstaus die programmierte Urlaubsfreude raubten, vielleicht aber auch, weil sie in der Enge der alten Tunnelbauten Klaustrophobien durchlebten. Mit Staus muss man schon rechnen während der Fahrt auf der Westuferstraße; damit, dass einem die steinerne Decke auf den Kopf fällt, wohl weniger.

Gut siebzig Jahre ist es nun her, dass die Straße eingeweiht wurde. Für damalige Verhältnisse ist sie ein ingenieurtechnisches Meisterwerk, der Natur in mühevoller Arbeit abgetrotzt: Mehr als fünfzig Brücken und Viadukte mussten gebaut und 74

Tunnels in den Fels gesprengt werden, um die knapp 40 Kilometer lange Strecke zwischen Riva und Gargnano zu Wege zu bringen. Für den Autofahrer ein ständiges Hin und Her zwischen Licht und Schatten, strahlender Sonne und diffusem Tunnellicht

– Sonnenbrille auf, Sonnenbrille runter. Und so reizvoll die kurzen Ausblicke aus den zahlreichen Lüftungsschächten in den Tunnelstraßen sein mögen, diese Spotlights können die gefährliche Wirkung blendender Blitzlichter entfalten.

7

8

6

Die Gardesana Occidentale ist zwischen Limone und Gargnano sicher beeindruckend, trotzdem sollte man sie verlassen, um mit Motorkraft hinauf nach Pieve di Tremosine zu klettern. Schon die Fahrt auf der schmalen Bergstraße ist ein Vergnügen und bietet dramatische Ausblicke auf den See. Wie Baumpilze kleben die Häuser in Pieve in Schwindel erregender Höhe in den Felsen; sie zu bauen, war sicher abenteuerlich, hier zu wohnen, bedarf einer gewissen Gewöhnung. Auch der steile Anstieg (bis zu 26 Prozent) zum Tignale-Plateau hat es in sich, aber der Besuch der Kirche Madonna di Monte Castello aus dem 16. Jahrhundert lohnt die Mühe. Wenn sich die Mutter Gottes hier nicht wohl fühlt – wo dann?

Bei Gargnano beginnt die Brescianer Riviera, und mit ihr verliert die Gardesana Occidentale plötzlich ihren Reiz. Keine Tunnels mehr und keine Brücken, kein Licht-, kein Schattenspiel. Dafür klangvolle Ortsnamen, wie Gardone Riviera und Salò. Es wird schnell deutlich, warum sich die Großen der Belle Époque auf der Suche nach Muße, nach dem Schönen, dem Erhabenen dieser Erde hier niederließen, auch wenn sie damals noch mit Booten aus Riva angespült wurden.

Gargnano galt lange Zeit als Geheimtipp. Inzwischen hat es sich aber herumgesprochen, dass der Ort mit seinen prächtigen Villen zu den schönsten Dörfern am Gardasee gehört (oben und rechts). Die herrliche Landschaft, das einzigartige Licht, aber auch die vielen zahlungskräftigen Kunden machen den Gardasee für Künstler so interessant – wie beispielsweise für Signore Marchiori aus Salò (rechts oben).

sich in einem protzigen Monumentalbau für die Nachwelt verewigte (siehe Seite 96 f.). Als guter Italiener muss man diesen Ort einmal besucht haben, und nur als solcher kann man verstehen, warum es dieser egozentrische Dichter und Mussolini-Freund zum National-helden brachte.

Gut 300 000 Menschen erweisen ihm pro Jahr die Ehre. Sie sind neugierig auf das pompöse und extrovertierte Leben eines Schriftstel-lers, der einmal sogar seinen eigenen Tod lancierte, um gleich darauf einen neuen Gedichtband zu veröffentlichen – ein wahrer Profi in eigener PR. Und da kam es ihm nur gelegen, dass sein Werk von der katholischen Kirche als »unmoralisch und verwerflich« gegeißelt wur-de. Das sorgte für Aufmerksamkeit. Zwar hätte d'Annunzio den Platz gehabt, Gäste in seinem größenwahnsinnigen Vittoriale degli Italiani

Hauses in aller Welt herumgesprochen, immer mehr Betten mussten her. Und so entstanden im Schlepptau des »Grand Hotels« Nobelherbergen wie das »Fasano«, das herrschaftliche Anwesen »Garda e Suisse« und das »Savoy«. Letzteres scheute sich nicht, einen ebensolchen Turm auf sein Giebeldach zu pflanzen, wie das »Grand Hotel« schon einen hatte.

– zu übersetzen mit »Siegesdenkmal der Italiener« – unterzubringen, aber Freunde mussten standesgemäß logieren, in Gardone di sotto, unten am Ufer, im »Savoy« oder im »Grand Hotel«. Mit diesem begann der Aufstieg Gardones von einem winzigen Dorf zu einer Topadresse am Gardasee – heute längst angestaubt, aber immer noch mondän.

Sehen und gesehen werden

Ein gewisser Louis Wimmer hatte Ende des 19. Jahrhunderts in dem Ort eine Trattoria eröffnet, und unter seiner Regie avancierte die Gaststätte des Deutschen zur stolzesten Herberge am Gardasee: dem »Grand Hotel Gardone Riviera« mit seinem hoch aufragenden etwas fremdartig anmutenden Turm. Schon bald hatte sich der Glanz dieses

Sauer-süßes Vergnügen

Ob nun die Römer, die Neapolitaner oder aber die Leute in Limone ob der offensichtlichen Verwandtschaft mit ihrem Ortsnamen behaupten, den besten Limoncello zu machen – dieser sauer-süße, trübe Digestif ist überall ein Genuss. Und leicht selbst zuzubereiten:
Man nehme die Schalen von vier ungespritzten Zitronen, einen viertel Liter hochprozentigen Alkohol (aus der Apotheke), 400 Gramm Zucker und einen halben Liter Wasser. Zucker und Wasser miteinander verrühren und aufkochen. Dann die Zitronenschalen dazugeben und wenn alles erkaltet ist, den Alkohol einrühren. Nun muss das Gemisch etwa sieben Tage verschlossen in einem Einmachglas ruhen, ehe es durch ein Haushaltstuch gefiltert und in Flaschen abgefüllt werden kann. Nach einem Monat ist der Limoncello trinkfertig.

Gardone Riviera war »in«, ein Ort zum Sehen, aber besser noch, um sich zu zeigen. Vermutlich verkehrte auch Arthur Hruska in diesen Kreisen, aber ihn zog es aus einem anderen Grund an diesen Ort, dem der Ruf vorauseilte, hier herrsche ein subtropisches Klima. Denn Arthur Hruska, der österreichische Zahnarzt, war zugleich Hobby-

gärtner. Auf einem brach liegenden Hanggrundstück legte er zu Beginn des vorigen Jahrhunderts einen Garten an, den André Heller viele Jahrzehnte später zur grünen Perfektion brachte (siehe Seite 122 f.). Und die Weihe ließ nicht lange auf sich warten: Dies sei ein unvergleichlich inspirierender Garten, zu dem man so oft wie möglich wiederkommen wolle. So war es in der ehrwürdigen Londoner »Times« zu lesen, und der Mailänder »Corriere della Sera« sekundierte: André Heller habe in Gardone Riviera einen Garten Eden geschaffen.

Gründe genug also, dieser Stadt eine Aufwartung zu machen; und wem das Treiben auf dem Lungolago d'Annunzio allzu distinguiert und vornehm daherkommt, der weicht auf die Wanderpfade zum Monte Spino oder die Panoramawege Via della Calma und Via Belvedere nach *Fasano* aus und sieht sich die feinste Adresse am Gardasee aus der Vogelperspektive an.

Stadt der Superlative

Schließlich *Salò.* Superlative sind dem Städtchen nicht fremd: das angenehmste Klima, der erste Lungolago, die bedeutendste Kirche am See, die unrühmlichste Republik. Der Reihe nach: Es ist unbestritten, dass das Klima am südwestlichen Ufer das mildeste der Gardaseeregion ist. Zitronen gedeihen hier ohne Probleme, Agaven, Oleander und Palmen wachsen geradezu in den Himmel. Ob es nun übers Jahr gesehen in Gardone Riviera oder in Salò wärmer ist, sei dahingestellt; die schöneren Palmen wiegen sich an Salòs Uferpromenade,

nämlich vor dem Rathaus Palazzo della Podestà mit den markanten Arkadenbögen. Diese Seepromenade, der Lungolago Giuseppe Zanardelli, hat folgende Geschichte: Am 30. Oktober 1901 legte ein schweres Beben das Dorf in Schutt und Asche. Bis dahin war das Seeufer fest in den Händen der Fischer gewesen, hier standen ihre Häuser, lagen ihre Boote. Der Tourismus begann zu florieren, und so ließ man in Salò die erste Uferpromenade bauen, benannt nach dem italienischen Ministerpräsidenten Signore Zanardelli (1901–1903). Während andernorts so mancher Uferboulevard eng und befremdlich wirkt, ist mit dem Neuaufbau Salòs die Symbiose zwischen Wasser, Straße und Stadt beispielhaft gelungen.

Dagegen wirkt der mächtige Dom aus dem 15. Jahrhundert fast wie ein Fremdkörper in dieser kleinen, engen Stadt. Er gilt als das bedeutendste Gotteshaus der Spätgotik am See. Außen besticht das prächtige Renaissanceportal mit verziertem Giebel und Triumph-

bogen, im Innern bergen zehn Seitenkapellen eine Fülle kostbarer Kunstwerke. Weniger stolz als auf ihren Dom sind die Salòneser darauf, dass ihre Stadt Schauplatz eines dunklen Kapitels der italienischen Geschichte war: Zwischen 1943 und 1945 durfte Mussolini, bewacht von Hitlers Schergen, hier noch einmal Staat spielen. Die faschistische »Repubblica Sociale Italiana« endete, wie sie angefangen hatte – mit Intrigen und Mord. Allerdings traf es diesmal den Duce selbst auf seiner Flucht.

Bleibt die Geschichte von Gáspare Bertolotti: Er wurde 1540 in Salò geboren und beschäftigte sich mit Musik. Weil zeitgenössische Geigen seinen Ohren mehr schmerzten als schmeichelten, entwarf er kurzerhand ein neues Instrument und verlieh ihm die Form seines geliebten Gardasees. Bertolotti, auch liebevoll Gáspare de Salò genannt, gilt damit als Erfinder der modernen Geige – noch ein Superlativ, mit dem sich der Ort schmücken darf.

Für die Kinder gehört er zum Alltag, für die Touristen ist er eine Attraktion: der Dom Santa Maria Annunziata in Salò, dessen Bau fast fünfzig Jahre dauerte (ganz links). – Flanieren auf dem Lungolago Zanardelli (oben): Die Uferpromenade Salòs wurde nach dem Erdbeben 1901 komplett neu gestaltet. Aus dieser Zeit stammen auch noch einige Häuser und Einrichtungen im Art-déco-Stil, wie die Trattoria »L'Orologio«.

Zutritt verboten! Leider – denn die Isola di Garda, mit 110 Metern Länge die größte Insel im See, ist samt dem stattlichen Bauwerk vom Ende des 19. Jahrhunderts im Besitz der Familie Borghese. Und man mag ja verstehen, dass die Bewohner des Anwesens, die Nachfahren aus dem adligen Haus Cavazza, ihre Ruhe haben wollen. Das sollte aber niemanden daran hindern, eine Bootstour um das Eiland zu machen und das Bauwerk und die Baumriesen aus nächster Nähe zu bewundern *(links)*. – Der im neogotischen Stil errichtete Palazzo Cavazza auf der Isola di Garda *(links oben)*, die venezianisch geprägte Villa Aquarone *(oben Mitte)* und das mondäne Grand Hotel »Fasano« *(rechts oben)* sind typisch für den Glamour, der den südwestlichen Gardasee umweht.

Seite 92/93:
Die Wallfahrtskirche Madonna di Monte Castello.

1

Pomp und Passionen

D'Annuncio und »Il Vittoriale«

1 D'Annunzio war der römischen Kultur sehr verbunden: Diese Büste mit den typisch römischen Gesichtszügen hat ihren Platz im Garderobenzimmer. – 2 Auch das Mausoleum hoch über dem See, d'Annunzios letzte Ruhestätte, ließ er nach römischem Vorbild bauen. 3 Geschmacksache: üppig dekoriertes Speisezimmer im Art-déco-Stil. – 4 Das Arbeitszimmer, übervoll mit einem Sammelsurium verschiedener Stilrichtungen. Gabriele d'Annunzio(5) und die Schauspielerin Eleonora Duse (6).

2

3

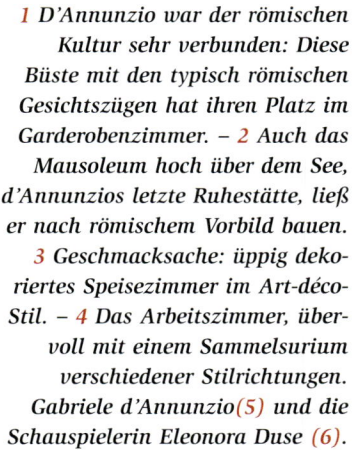

4

5

6

Es war im Winter 1921, als Gabriele d'Annunzio die unbewohnte Villenanlage zum ersten Mal besuchte. Er war fasziniert vom vergänglichen Glamour der Belle Époque, in Gardone und Salò waren zu dieser Zeit bereits prächtige Hotels und Häuser entstanden. Das war der richtige Ort für einen Gabriele d'Annunzio. Sofort verliebte er sich in die vielen verwinkelten Räume seiner neuen Herberge am Hang über Gardone; hier sollte sein »Vittoriale degli Italiani«, das »Siegesdenkmal der Italiener«, stehen (um welchen Sieg es sich dabei handelt, bleibt der Fantasie eines jeden Besuchers überlassen).

Und schon sehr bald machte er sich daran, sein Weiterleben nach dem Tod zu organisieren: Mit dem Mausoleum für sich und seine Freunde schaffte er die Voraussetzung dafür, dass es auch nach seinem Ableben noch pompös und monströs um ihn herum zugehen würde; das Grabmal hält einem Vergleich mit seinen römischen Vorbildern spielend stand.

Heute stört sich keiner der hauptsächlich italienischen Besucher des Vittoriale daran, dass ihr Gabriele eine enge Freundschaft zu Mussolini pflegte – schließlich ist die Anlage ein Touristenmagnet ersten Ranges. An ausgefallenen, narzisstischen

und selbstherrlichen Ideen fehlte es dem Sammler und Dichter nicht: So stellte er den Bug des Kriegsschiffes »Puglia«, das ihm die Marine vermacht hatte, in seinen Garten. Die Räume sind übervoll mit Kitsch, Pomp regiert an allen Ecken und Enden, und man stolpert allerorten über Requisiten, die d'Annunzio als Macho und Frauenheld entlarven – wie jenes Paar Schuhe mit dem Phallussymbol.

Auch ein Blick ins Badezimmer offenbart eine gewisse Manie: Es mögen um die tausend verschiedene Utensilien zur Reinigung und Körperpflege sein, die sich hier auftürmen. In dieser miefigmuffigen Umgebung konnte d'Annunzio am besten arbeiten – und seine Begierde ausleben. Frauen waren für ihn eine »Wissenschaft, kein Vergnügen«. Von allen irdischen Kreaturen sei die Frau diejenige, so formulierte er einmal, die am »tiefsten begriffen« werden müsse. Und dieser obsessiv-frivolen Sinnsuche widmete er sich mit vollem Ehrgeiz, der in eine Besessenheit vom weiblichen Geschlecht mündete. Er war in die Schauspielerin Eleonora Duse verliebt, sie ist überall in der Villa gegenwärtig – besucht hat sie seinen Vittoriale freilich nie. Es war ihre Schauspielkunst, die seinen Theaterstücken zum Durchbruch verhalf. Der Commandante, wie er noch heute von seinen Verehrern wegen seiner Verdienste im Ersten Weltkrieg genannt wird, liebte aber auch andere, Hausmädchen wie Prinzessinnen.

All dies festigt das Bild von einem weltfremden und entrückten Menschen, einem Dichter, der in seiner Lyrik geschmeidig und wohlklingend formulierte, jedoch auch mit hohem Pathos fabulierte und der sich selbst als »Interpret des menschlichen Wahnsinns« verstanden wissen wollte.

7 Der Eingang zur Villa Cargnacco.
8 Galionsfigur des Kreuzers »Puglia«, den der Dichter für seinen Einsatz im Ersten Weltkrieg von der italienischen Marine geschenkt bekam.
9 D'Annunzios »Zimmer der Weltkugel«.

Seite 96/97:
Das Grand Hotel an der Uferstrasse Lungolago in Gardone Riviera.

95

An der Riviera degli Olivi

Monte Baldo und der östliche Gardasee

Hier oben ist die Welt noch in Ordnung, regiert die Ruhe, zwischen Edelweiß und Enzian, Alpenveilchen und Anemonen, 1800 Meter über dem Tal. Auf dem *Monte Baldo*, abseits der Bergbahnstation, findet jeder sein Plätzchen zum Durchatmen. Wie der Dichter Berto Barbarani, (1872–1945) der dem Monte Baldo viele romantische Verse widmete. In Wanderbroschüren liest sich das weniger poetisch: »Monte Baldo – das Profil eines Freundes« heißt es da etwa. Es trifft jedoch den Nagel auf den Kopf, denn der Gardasee und dieser Berg sind tatsächlich in einer innigen Freundschaft miteinander verbunden. Und während andere Zweitausender schon mal drohend und angsteinflößend wirken können, hat man den Monte Baldo rasch in sein Herz geschlossen. Es mag die bunte Flora sein, das milde Klima, die sanften Gipfel – der »Baldo« wirkt auf einen Fremden tatsächlich sehr freundschaftlich.

Johann Wolfgang von Goethe, dem prominentesten Italien-Reisenden Deutschlands, ist in Malcesine eine Büste gewidmet (ganz oben). Die Angestellten im Café Centrale in Bardolino heißen ihre Gäste herzlich willkommen (oben). Kopfsteinpflaster in engen Gassen, Torbögen unter steinernen Balkonen – manche Dörfer können sich trotz des Touristenbooms ihren Charme bewahren (rechts). Unbestreitbar einer der schönsten Ankerplätze am Gardasee: Punta San Vigilio (rechte Seite).

Erlebnisse mit einem sympathischen Berg

Sein Name ist vermutlich eine Abwandlung des deutschen Wortes Wald. Denn früher mussten die Bauern Steuern an den König berappen, wenn sie Wälder und Weiden nutzten. Mehr als 600 verschiedene Alpenblumen fühlen sich hier heimisch, irgendwo grünt und blüht es immer, übers ganze Jahr verteilt. Wanderwege führen rauf und runter, aber es reicht schon, von der Bergstation der Seilbahn auf dem Grat eine halbe Stunde nach Norden zu spazieren. Als Belohnung winkt der wunderbare Blick über den nördlichen Gardasee bis nach Riva und Torbole.

Was müssen erst die Menschen an ihren Gleitschirmen empfinden, wenn sie in weiten Bögen, von den Aufwinden immer wieder nach oben getragen, sanft zu Tal segeln? Und man selbst sitzt im Gras, mit einem Valpolicella im Rucksack, einer Salami, einer Ciabatta, lauscht dieser Ruhe und liebt diesen Berg. Später steht man in einem tristen Betonflur, mit vielen anderen. Warten auf die Gondel. Eine Stunde ist da schnell vorbei. Und noch ein bisschen später ist man wieder mittendrin, im organisierten Chaos. Dort unten, wo die Welt nicht mehr ganz so ordentlich ist.

Dörfer zwischen Moderne und Vergangenheit

Aber irgendwann hat man sich daran gewöhnt. Irgendwann auf der gut 60 Kilometer langen Gardesana Orientale hat man sich mit den Staus arrangiert und auch akzeptiert, dass mal wieder halb Deutschland den See bevölkert, in Zelten campiert und in »camere« logiert. Spaghetti werden gnadenlos mit Löffel serviert. Und so streiten sich Gardasee-Veteranen darüber, wann denn wohl die beste Zeit sei, das östliche Ufer zu besuchen.

Im Hafen von Malcesine strandete einst Goethe – kein Wunder, dass er den landschaftlichen Reizen erlag (ganz oben). – Der heimische Wein schmeckt am besten unter freiem Himmel wie auf der Piazza vor der Kirche San Nicole e Severo in Bardolino (oben).

Bianco oder Rosso?

Eine önologische Erkundung ist für Weinfreunde Pflicht am Gardasee. Die Tour könnte in Bardolino beginnen, der Heimat des leichten, süffigen Bardolino classico superiore. Die Einheimischen bevorzugen den Chiaretto aus dem Valtenesi vom anderen Ufer, einen hierzulande fast unbekannten Roséwein. Dort wächst auch der fruchtig-aromatische Gropello.
Auf der anderen Seite der Etsch lockt der Valpolicella. Am besten ist er, wenn er einige Jahre im Eichenfass gereift ist. Aus derselben Gegend stammt der Amarone, ein kräftiger Roter mit einem etwas herben, mandelartigen Nachgeschmack. Südlich des Gardasees ist der Weißwein zu Hause: Bianco di Custoza heißt der nach Nüssen schmeckende Tropfen mit einem leichten Hang zum Sherry-Charakter.
Aber das Highlight für Weißwein-Liebhaber ist der spritzige und süffige Lugana, der dem vergleichsweise langweiligen Soave aus den Anbaugebieten östlich vonVerona sicher bald den Rang ablaufen wird.

Lago d'Idro

Vesta

Persone
Armo
Magasa

Monte Pùria
1476 m

Vesio

Tremosine

Parco
dell' Alto Garda
Bresciano

Pieve di
Tremosine

Campione

Prabione

Campione

Gardola

Lignago

Costa
Mignione

LOMBARDIA

Tignale

Muslone

Madonna de
Monte Castello

Assenza
Cassone

Magugnano

Castello
di Brenzone

Brenzone

Marniga

Monte Spino
1488 m

Gargnano

San Zeno

Castelletto di
Brenzone

Rifugio Pirlo

Lago di
Valvestino

Bogliaco

Monte
Pizzòcolo
1582 m

Gaino

Prada

Vobarno

Gardesana Occidentale

Toscolano

Villanova

Toscolano

Fasano

Maderno

Gardesana Orientale

Lago di Garda

Lumini

Il Vittoriale

Gardone Riviera

Salò

Portese

Isola di Garda

Torri del
Benaco

Castion Veronese

Braga

Vilmezzano

Villa

San Fermo

Pésina

Caprino

San Felice
del Benaco

Raffa

Garda

Costermano

Ceredello

Palude

Punta San Vigilio

Rocca

Affi

Montinelle

Dusano

Valtenesi

Bardolino

Cavaion
Veronese

Rivoli

Monte

Moniga

Cisano

Rio Valli

Calmasino

Sega

Verona

San Giacomo

San Valentino

Soma

Riserva
Naturale
Gardesana
Orientale

Bocca Tratto
Spino
1780 m

Corno
della Paura
1539 m

Malcesine

Riserva
Naturale
Integrale
Selva Pezzi

TRENTINO

Trento

Cima Valdritta
2218 m

Monte Cerbiolo
1559 m

Ávio

Monte Baldo

San
Leonardo

Punta
Telegrafo
2200 m

Prada alta

Coàl Santo
2074 m

Ferrara di
Monte Baldo

Parco
Regionale
della
Lessinia

Madonna della Corona

Pissotte

Progno

VENETO

San Giovanni

Breónio

Gorgusello

Molina

Dolcè

Cerna

Ceraíno

Cávalo

Purano

San Rocco

Fumane

Burte

Valgatara

San Floriano

Ambrógio

San Ambrógio

Adige/Etsch

Tasso

0   50 km

N

W   O
S

N
S

*Wer den Monte Baldo erkundet,
genießt herrliche Ausblicke – hier
auf Torri del Benaco und den See.*

Es gibt viele Gründe, die Scaliger-burg in Malcesine zu besuchen: die Stimmung bei Sonnenuntergang auf dem Turm zum Beispiel (oben), das Bad im See am burgeigenen Strand (oben rechts) oder das Museum des Kastells, wo auch die Skizzen aus-gestellt sind, derentwegen Goethe fast verhaftet worden wäre. – In Italien spielt Religiosität noch eine wichtige Rolle: Die Altäre von Heiligen oder Schutzpatronen der Dörfer werden regelmäßig mit fri-schen Blumen geschmückt (rechts).

Seite 104/105:
Im romantischen Hafen von Torri del Benaco schaukeln die bunten Segelbote auf den Wellen.

Zu Ostern beginnt die Saison. Im Sommer gerät sie leicht außer Kontrolle. Und selbst im Herbst flacht die Popularitätskurve nur ganz langsam wieder ab. Nichts Ungewöhnliches für eine Gegend, die vom Tourismus lebt; Urlauber, die auf die Ferienzeiten ihrer Kinder an-gewiesen sind, haben allerdings keine andere Wahl. Also Augen auf und durch.

Nach *Brenzone*, genauer gesagt in die Dörfer der Gemeinde Bren-zone, zu der neben anderen Assenza, Castello, Magugnano, Marniga und Castelletto gehören. Nirgendwo wird deutlicher als hier, welchen Einschnitt – im wahrsten Sinne des Wortes – der Tourismus für eine Ortschaft am Ufer des Sees bewirkte: Mit dem Bau der Gardesana Orientale vor rund siebzig Jahren wurden die Dörfer geteilt. Unten am See bekamen die kleinen Hafenmolen ein neues Gesicht: hier ein Restaurant, dort ein Hotel und immer die Gasse mit den Souvenirs. Wer sich darauf einstellt, kann es sich hier wahrlich gut gehen

Überhaupt das Olio: Das erstgepresste »jungfräuliche« Öl extra vergine von der »Olivenküste« Riviera degli Olivi gilt als eines der besten im Land. Und das will in Italien etwas heißen, wo jede Region auf das eigene Öl schwört. Knorrige, uralte Bäume prägen bis weit den Monte Baldo hinauf das Bild, und so verwundert es nicht, dass einer der Ortskerne von Brenzone Piazza dell'Olivo getauft wurde. Das am Hang gelegene Dorf Biazza ist ein einziger großer Olivenhain. Ganz gleich, welche Richtung die Schieferwege und Steinmauern vorgeben – die trutzigen Stämme mit dem silbrig glänzenden Geäst sind stets Begleiter.

Für alle, die noch höher hinaus wollen, führt der Wanderweg 659 zur Hochebene von Prada und von dort mit dem Sessellift zur Cornetto-Hütte. Sie ist Ausgangspunkt für die Wanderung auf die Punta Telegrafo: Der seltsame Name dieses Gipfels geht auf Napoleon I. zurück, der an diesem exponierten Ort Zeichen setzen ließ für seine in der Po-Ebene stationierten Truppen.

Torri del Benaco

Zurück zum See. Südlich von Castelletto lohnt ein Abstecher zur Kirche *San Zeno* aus dem beginnenden 12. Jahrhundert. Auf dem Turm thront ein Hahn, der von weitem nicht unbedingt als solcher zu erkennen ist, und deshalb heißt diese Kapelle bei der Bevölkerung auch »San Zeno de l'oselet – »San Zeno von dem Vögelchen«. Die folgenden rund 20 Kilometer bis Torri del Benaco sind für die Ostküste einzigartig: Überall ist das Wasser zum Greifen nah, nur wenige Häuser stören die Sicht zum anderen Ufer, hinüber zur Halbinsel von Toscolano Maderno und Gardone Riviera. Dafür reiht sich linker Hand eine Pension an die andere, Campingplätze gibt es reichlich; zum Teil führen Tunnel unter der Straße zu den steinigen Stränden und Bootsanlegern.

Dann *Torri del Benaco*: Schwer zu sagen, was es ist. Aber eine Scaliger-Burg haben andere Orte auch, und natürlich einen Hafen

lassen. Oben am Berg änderte sich wenig, behielten die Häuser ihre bröckelnde Fassade, scheint die Zeit still zu stehen. Das lässt sich bereits in Cassone beobachten, aber besser noch in Castelletto.

Melone statt Brot

Vorher sollte man sich aber in *Assenza* das berühmte, weil originelle Abendmahlfresko in der Kirche San Nicola di Bari ansehen, das um 1400 entstanden ist: Statt Brot teilt hier Jesus mit seinen Jüngern eine – recht akribisch gemalte – Melone. Dabei hätte man eher meinen können, dass ein Fisch oder Oliven auf den Abendmahltisch von San Nicola gekommen wären, denn in Brenzone bestimmten die Lebewesen des Sees und die Früchte der Bäume seit Generationen den Alltag. Heute leben vom Fischfang nur noch wenige, mit Olivenöl lässt sich besser Geld verdienen.

Fortsetzung Seite 108

Gräfliches Paradies

Punta San Vigilio

1 Was liegt näher, als den Weg zur Punta übers Wasser zu wählen und so einen zusätzlichen Eindruck vom Reiz dieses Ortes zu gewinnen? – 2 Zweifellos der schönste Strand am ganzen See: Der Park Baia delle Sirene ist ideal für einen Strandtag mit der Familie. – 3 Und zwischendurch sollte man unbedingt im Café auf der Kaimauer der Punta San Vigilio einen Cappuccino genießen. 4 –7 »Locanda« heißt das Hotel und Restaurant, in dem sich fürstlich speisen lässt. Anschließend kann man sein Haupt in der Luxussuite zur Ruhe betten. Mag sein, dass in diesem Ambiente das Essen zur Nebensache wird, drinnen oder draußen auf der Terrasse der »Locanda«.

Hier soll der Strand den Füßen schmeicheln, und hier soll der See seine schönsten Wellen formen, und hier soll die Sonne über den Berggipfeln des gegenüber liegenden Ufers ihren schönsten Untergang zaubern, und überhaupt: San Vigilio, sagen Kenner der Szene, ist der schönste Platz der Welt. Derart eingestimmt wäre es Frevel, ließe man den südlichsten Ausläufer des Monte Baldo im Norden von Garda links liegen.

Ihren Namen erhielt die Halbinsel von der kleinen Kapelle aus dem 13. Jahrhundert, die dem Heiligen Bischof San Vigilio geweiht ist. Das wohnliche Anwesen entstand erst zwei Jahrhunderte später und präsentiert sich in reinstem Renaissancestil. Im

Schatten der Zypressen ist der Weg zur Punta wahrhaft fürstlich. Uralt sind diese Riesen, dreihundert Jahre haben sie auf der Rinde, wenn nicht noch mehr. Sie könnten sicher von manchen Herrschaften berichten, die hier entlangflanierten, zur Villa Guarientini am Ende der Landzunge etwa.

Die gesamte Halbinsel ist im Besitz des Grafen Guarientini di Brenzone. Und wenn die Leute schon zu Tausenden zur Punta San Vigilio pilgern, mag er sich gesagt haben, dann sollen sie ruhig auch ein bisschen Taschengeld hier lassen: Der Park, in dem man sich unter Ölbäumen räkelnd oder Tischtennis

6

7

4

5

spielend seine Zeit verbringen kann, kostet Eintritt. Ob es ratsam ist, diesen Ort während der Hochsaison anzusteuern, lässt sich schon daran erkennen, wie dicht gedrängt die Wagen auf dem Parkplatz stehen.

Einen Besuch wert ist aber auf jeden Fall die vom Veroneser Baumeister Michele Sanmicheli Mitte des 16. Jahrhunderts entworfene Villa. Sie besticht durch ihre Symmetrie, und in dieser Schlichtheit liegt auch ihr Geheimnis, denn sie ergänzt sich auf wunderbare Weise mit der Landschaft: Jeder Versuch, hier die Natur mit etwas Künstlichem von Menschenhand geschaffenem zu übertreffen, wäre zwangsläufig zum Scheitern verurteilt gewesen. Das Haus ist nicht zu besichtigen, und so muss man sich mit dem Blick durch den schmiedeeisernen Zaun zufrieden geben. Das gesamte Anwesen ist terrassenförmig angelegt, Treppen führen nach unten und vorbei an einer der wenigen Limonaien, die am Gardasee aus längst vergessenen Zeiten übrig sind.

Hinter dem Torbogen öffnet sich die kleine Hafenmole; für den Fall, dass es einen freien Tisch am Wasser gibt, ist es Pflicht einen Cappuccino zu trinken. Wer es eleganter mag, nimmt Platz im Feinschmeckerrestaurant, das einen Einblick in das Innenleben der Villa gewährt.

Von Lawrence Olivier und Vivien Leigh weiß man, dass sie in den Gardasee vernarrt waren, ob sie allerdings dem Humanisten Agostino Brenzone zustimmten, der die Villa bauen ließ, ist leider nicht überliefert: Er gehört nämlich auch zum Chor derer, die das Hohe Lied auf San Vigilio als dem »schönsten Ort der Welt« singen.

und selbstverständlich Gassen zwischen altem Mauerwerk. Dennoch ist Torri irgendwie anders; vielleicht liegt es ja auch nur an dem außergewöhnlichen Namen: Benaco, abgeleitet von der römischen Bezeichnung des Gardasees »lacus benacus«. Die teils zerstörte Scaliger-Burg aus dem 14. Jahrhundert wird Antonio della Scala zugeschrieben, allerdings hatten schon die Römer und später, im 10. Jahrhundert, der Langobardenkönig Berengar I. ihre Finger im Spiel: Die Schwalbenschwanzzinnen der Scaliger thronen auf den Resten früherer Kastelle. Heute ist in der Burg ein Museum mit Ausstellungsstücken zur Fischerei und zum Olivenanbau untergebracht. Und dahinter, im Windschatten des Gemäuers sozusagen, vermittelt eine Limonara genannte Limonaia einen Eindruck davon, wie hier oben seinerzeit die Südfrüchte in den Zitronengewächshäusern reiften.

Schöner und lieblicher liegt kein Ort am See: Garda hat sich eingebettet zwischen der Punta San Vigilio im Nordwesten und der Rocca – im Hintergrund – im Süden (oben). Ein Marsch hinauf auf den Felsen lohnt sich natürlich wegen der Aussicht, und nebenbei kann man seinen Kindern die Geschichte von Engardina erzählen, jene Nymphenlegende, die man sich hier erzählt (siehe S. 42/43). Anschließend spendiert Papa bestimmt ein gutes Eis zur Erfrischung (rechts).

Wenn es zu kalt wurde, sorgten kleine Feuer unter den Bäumen für Wärme, und so schwärmten die Limettengourmets – kein Wunder bei dieser Fürsorge – für das saftig-gelbe Obst vom Gardasee.

Fürsorge lassen auch die Betreiber des Hotels »Gardesana« walten. Wer auf der schönen Terrasse zum Hafen oder im gemütlichen Speisesaal einen Platz ergattert, diniert auf historischem Boden: Vor 400 Jahren tagten hier regelmäßig die Gesandten von Gardesana dell'Acqua, der achtzehn Gemeinden des Ostufers, die von Venedig mit administrativer Autonomie versehen worden waren. Ein Bummel über die Einkaufsgasse Corso Dante Alighieri führt zu der Pfarrkirche Santi Pietro e Paolo mit Gemälden bekannter Veroneser Meister und dem Turm des Berengar, der um das Kastell eine Stadtmauer bauen ließ.

Der schönste Ort der Welt…

Eine reizvolle Alternative zur Küstenstraße ist die kurvenreiche Strecke hinauf in die südlichen Ausläufer des Monte Baldo nach Castion Veronese. Knappe zehn Kilometer weiter erreicht man *Costermano*, das nicht sehr viel Sehenswertes zu bieten hat – es sei denn, man interessiert sich für Soldatenfriedhöfe und besucht die Gräber der 20 000 im Zweiten Weltkrieg gefallenen deutschen Soldaten. Allerdings ruhen sie in herrlich grüner Landschaft, und der See liegt ihnen zu Füßen. Bevor man in Costermano die letzten Ausläufer des Monte Baldo verlässt, die sich hier als sanftes Hügelland präsentieren, lohnt ein Sprung ins erfrischende Nass. Nicht in den Gardasee freilich, sondern in eines der Schwimmbecken des Wasserparks Rio Valli in *Cavaion Veronese*.

Zurück in *Costermano*: Der Ort ist ein gutes Beispiel dafür, wie der Tourismus der vergangenen fünfzig Jahre die Region verändert hat. Aus dem einstigen Bergdorf ist ein Vorort von Garda geworden, die Straße hinunter zum See wird gesäumt von Häusern und Wohnungen, Villen und Restaurants. In Garda angekommen, führt der erste Weg ein Stück weit am See zurück, zur Punta San Vigilio. Verließe man sich nur auf den Hochglanzprospekt, der am Eingang zur *Baia delle Sirene*, dem »Park der Sirenen« ausliegt, würde man vermutlich Reißaus nehmen: Sommersonnenblaue Schnappschüsse sollen zwanglose Urlaubsstimmung vermitteln, darunter ist höchst einfallsreich eine Meerjungfrau zu sehen, und dann dieser Text: »Die natürliche Schönheit des Parks wird noch angereichert durch die Möglichkeit, hier in Harmonie mit der Landschaft, auch warme Sommertage angenehmst zu verbringen.« Wer in die verheißungsvolle »Schönheit des Parks« eintauchen möchte, der bezahle die paar Euro Eintrittsgeld, breite auf der grünen Wiese sein Handtuch aus und suche die »Harmonie mit der Landschaft«. Finden wird er sie auf jeden Fall in der Ausgewogenheit zwischen Natur und Baukunst: Selten wohltuend passt sich das Anwesen des Humanisten Agostino Brenzone dieser bezaubernden Landschaft an; schade nur, dass das Innere der Villa aus dem 16. Jahrhundert nicht zu besichtigen ist.

Feine Sandstrände sind Mangelware am See.
Aber irgendwo lässt sich immer ein schönes Plätzchen
finden (oben und unten).
So lässt es sich leben und das Dolcefarniente aushalten:
Unter Pinien in der Baia delle Sirene der Punta San
Vigilio (linke Seite).

Die Wacht am See

Lago di Garda: Der Name Garda leitet sich vom germanischen Wort »Ward« oder auch »Warte« ab, das so viel bedeutet wie »Wachposten«. Vermutlich hat die zentrale Lage am wichtigsten Übergang durch die Alpen dem See im 12. Jahrhundert diesen Namen gegeben. Und unter den vielen schönen Flecken am See ist der Ort *Garda* einer der besonders schönen und beliebten.

So wird man Mühe haben, hier in der Hochsaison einen Parkplatz zu finden. Verbotsschilder gibt es jedenfalls genug. Wen wundert es auch, dass diese durch die Vegetation sehr südländisch anmutende Bucht zu den begehrtesten Orten am See zählt: Dafür sorgen viele Kiesstrände und die etwas finster wirkende, fast 300 Meter hohe Rocca di Garda, eine weitläufige Hafenpromenade und die Palazzi im venezianischen Stil – zum Beispiel der Palazzo del Capitano am

Hafen, in dem im 15. Jahrundert der »Capitano del Lago« residierte, seines Zeichens Statthalter der Regierung von Venedig. Der konnte seinerzeit noch aus dem Palazzo in sein Boot steigen, denn das Wasser des Hafenbeckens reichte bis zur Piazza Catullo. Doch das Hafenbecken wurde – wie in fast allen anderen Orten – zugeschüttet, da die Häfen an Bedeutung verloren und man mehr Siedlungsfläche brauchte. Einen Spaziergang vom Hafen entfernt, ragen hinter Toren und Zäunen die Türme und Schwalbenschwanzzinnen der Villa Albertini in den Himmel. Auch wenn sie Normalsterblichen verschlossen bleibt, ist sie auf jeden Fall einen Besuch wert.

Guter Wein, bestes Öl

An der Rocca vorbei geht es weiter nach *Bardolino*. In dem beliebten Weinort beginnt die »Strada del Vino« und führt gut beschildert zu

In barocken Kleiderträumen aus Samt und Seide schwelgt Ala allsommerlich, wenn die Stadt im Etschtal mit einem historischen Kostümfest den Stoffen huldigt, für die sie als »Città di Velluto« (Samtstadt) einst berühmt war.

Seite 114/115:
Blick von der Bocca di Navene auf die Brescianer Alpen.

mehreren Höfen bis hinauf nach *Calmasino*. In den vergangenen Jahren haben sich die Winzer hier wieder auf mehr Qualität besonnen und erzeugen heute recht angenehme leichte Weine. Wem die Strada zu viel ist, der kann sich auf das Weinmuseum am Beginn der Weinstraße beschränken.

Absolut sehenswert ist auch noch ein anderes Museum: das Museo dell' Olio, das Ölmuseum in *Cisano*. Hier wird einem sehr schnell bewusst, wie viel Arbeit in nur einem einzigen Liter bestem Olivenöl steckt. Das Handwerkszeug von mehreren Generationen ist im Museo dell' Olio augestellt, zum Teil wird sogar noch heute damit gearbeitet. Natürlich kann das Öl aus der Region hier auch verkostet und gekauft werden. Und jeder, der sich eine Flasche mit nimmt, schmeckt dann ganz sicher den delikaten Unterschied zwischen einem Salat mit Olio di oliva von der Riviera degli Olivi und einem Salat mit maschinell raffiniertem Olivenöl.

Gipfelsturm im Garten Eden

Der Monte Baldo

Es ist wie der Marsch in eine andere, eine stillere Welt. Eine mehrtägige Wanderung über die Panoramawege zwischen Gardasee und Etschtal eröffnet völlig neue Perspektiven. Eine dieser Touren ist die Via delle Creste, der Gipfelwanderweg, der durch tiefe Schluchten führt und über waghalsige Grate. Er verbindet den Monte Altissimo mit der Punta Telegrafo und steigt hinauf auf den 2218 Meter hohen Gipfel des Monte Baldo, die Cima Valdritta – bei klarem Wetter ist die überwältigende Aussicht alle Mühen wert.

Weniger anstrengend ist der Aufstieg zur Wallfahrtskirche Madonna della Corona, die in einer Höhe von 774 Metern mitten in einer senkrechten Felswand

Wind und Wetter trotzt. Das Gotteshaus ist auch für Ungeübte ohne größere Anstrengungen zu erreichen.

Wallfahrten ganz anderer Art veranstaltet das Centro Turistico Giovanile Monte Baldo. Es ist eine Art touristisches Jugend-

zentrum und organisiert in den Sommermonaten für einen kleinen Obolus interessante Wanderungen rund um den Monte Baldo (Adresse und Termine in den Touristen-Informationen). Auf eigene Faust lässt sich hingegen das Hinterland von Bardolino

erkunden, anderthalb bis drei Stunden dauern sechs gut markierte und leichte Wanderwege. Der Monte Baldo hat eine in der Alpenlandschaft einzigartige Flora. Wissenschaftler aus aller Welt tauschen nur allzu gerne den Bibliotheksmief ihrer Uni-

7

8

9

6

versität mit der frischen Luft am Baldo, um all jene Kräuter zu studieren, die schon seit ewigen Zeiten hier wachsen. Der Grund für diese floristische Extravaganz der Natur ist einfach: Die Gipfel des Monte Baldo blieben während der jüngsten Gletscherschmelze vom Eis verschont. Alles, was vor der großen Kälte hier wuchs, fand auch danach ideale Voraussetzungen.

Bereits im 15. Jahrhundert kannte man die blühenden Besonderheiten an den Hängen. Veröffentlichungen aus dieser Zeit beweisen, dass man schon damals wusste, wie reich der Berg an »nützlichen Kräutlein« ist. Das milde Klima, die entsprechende geologische Struktur und die vielen geschützten Täler führten dazu, dass heute unge-

fähr zwanzig Blumen den Beinamen »baldense« tragen (wie etwa Anemone baldensis oder Galium baldense); sie wurden hier in den vergangenen Jahrhunderten zum ersten Mal entdeckt.

Am schönsten hat sich die Flora in den höheren Regionen entwickelt, etwa ab 1700 Metern Höhe, im Reich der niedrig wachsenden Latschen. Und noch etwas höher blüht, was man anderswo längst vergeblich sucht: Steinbrech und Edelweiß zum Beispiel. Ob auch sie nun vom Aussterben bedroht sind – wie Bären und Wölfe, die bis ins 18. Jahrhundert noch am Monte Baldo heimisch waren – hängt natürlich wesentlich davon ab, wie tief der Mensch in das fragile Öko-System dieser Landschaft eingreift.

1 Das milde Bergklima lässt auch Lilien gedeihen. – 2 Nahe der Bergstation von der Seilbahn genießen Gipfelstürmer die Sonne. 3 Auf dem Fußmarsch von der Seilbahn in Richtung Norden wird man mit diesem Bilderbuchblick belohnt. 4 Eine Bergtour sollte nur unternehmen, wer entsprechend ausgerüstet ist und gute Kondition hat. 5 Entlang der Wanderwege bietet sich so manche unvermutete Begegnung. – 6 Rund 1700 Meter Höhenunterschied in einer halben Stunde überwindet die Funivia ab Malcesine. – 7 Der Monte Baldo ist berühmt für seine Flora: Enzian wächst hier genau so wie Edelweiß (8) und Anemonen (9).

Seite 118/119:
Ein Gardasee-Stillleben: Boot vor der dicht bewachsene Mauer des Castello Scaligero in Sirmione.

Villen, Bäder und Kastelle

Das Südufer des Gardasees

Der liebe Gott hat es wahrlich gut gemeint mit diesem geografischen Gebilde namens Gardasee. Schützende Berge rechts und links an langen Ufern, so modellierte er ihn im oberen Teil, gerade so, wie wir es von den Fjorden im Nordland kennen. Und als wär's der Anmut noch nicht genug, formte er im Süden einen ausladenden See – mit einladenden Stränden, einer bizarren Halbinsel und fruchtbarem Hinterland, wie es das Valtenesi ist.

Chiaretto und Gropello sind zwei Namen, denen man hier sicher begegnen wird: Beide Weine werden aus den gleichen Reben gewonnen (Gropello, Sangiovese, Marzemino, Barbera), wobei der leichte, süffige, roséartige Chiaretto wie ein Weißwein nur aus dem gekelterten Most hergestellt wird. Der Gropello entwickelt sich aus der Traubenmaische zu einem leuchtend roten, fruchtig aromatischen Wein.

Vornehmlich im Herbst bevölkern die Gourmets dieser Welt so manche Trattoria zwischen Padenghe sul Garda und Salò. Dann wird nämlich außer dem üblichen kulinarischen Angebot ein weiteres Highlight auf die Tische gezaubert: Mit ihren Hunden ziehen die Bauern in den frühen Morgenstunden in die Wälder und erschnüffeln in gemeinsamer Arbeit die begehrten weißen Trüffel – eine echte Konkurrenz für das Piemont.

Ein Blick ins Paradies

Keine Frage, das Valtenesi, dessen Name auf »Valle degli Atenesi« (Tal der Athener) zurückgeht, kann mit seinen Pfründen wuchern. Abseits vom See gelegen, weckt es Erinnerungen an das sanfte Hügelland der Toskana, und am Wasser locken hübsche Hafenorte wie Portese und Montinelle. Dazwischen erstrecken sich die weiten

Ideale Bedingungen lassen am Gardasee die Oliven gedeihen (ganz oben). – Eine Bootstour auf dem Gardasee hat ihre ganz besonderen Reize (oben). In Borghetto di Valeggio sul Mincio (unten). Auf einem Bootsanleger bei Sirmione (rechte Seite).

und in der Saison regelmäßig überfüllten Sandstrände, wie der von San Felice del Benaco. Familien haben das Valtenesi für sich entdeckt, und die vielen Campingplätze übertreffen sich gegenseitig mit ihren Familienangeboten.

Nur einen Katzensprung entfernt und doch unendlich weit ist die *Isola di Garda* – »Zutritt verboten!« Wie eine Märcheninsel liegt das längliche Eiland der Familie Borghese mit dem Prachtbau aus dem späten 19. Jahrhundert im Wasser. Wenn der Zugang schon tabu ist, kann man statt dessen eine Bootstour um das Anwesen machen, das von üppiger Natur umgeben ist. Oder man erkundet den Weg von *Portese* aus zur Wallfahrtskapelle San Fermo. Ein schmaler Pfad führt Richtung Ufer und gestattet einen herrlichen Blick auf die verbotene Insel.

Weniger verschlossen präsentiert sich *San Felice del Benaco*. Sehenswert ist hier die Wallfahrtskirche Madonna del Carmine aus dem 15. Jahrhundert: Sie ist innen reich mit Fresken geschmückt. Und wer Burgen mag, ist im Valtenesi auch gut aufgehoben, denn überall trifft man auf die alten Gemäuer. Sie sind stumme Zeugen einer mehr als tausend Jahre alten Geschichte, als sich die Menschen hier vor Überfällen und kriegerischen Auseinandersetzungen schützen mussten: Zum Ende des ersten Jahrtausends hatten es die Ungarn auf diesen Landstrich abgesehen, deshalb entstand die Burg in *Moniga*, die eher einer

Vom Wasser umspült ist die Altstadt von Peschiera del Garda. Ihre strategisch wichtige Lage, die Österreicher und Italiener gleichermaßen nutzten, verdankt sie auch der Tatsache, dass hier der Mincio aus dem Gardasee abfließt (oben). Während die Bademöglichkeiten im Norden eher eingeschränkt sind, bietet der See im Süden Strand zu Genüge, wie hier bei Sirmione (Mitte). – Die Farben des Südens finden sich auch in Lazise (rechts).

gewaltigen Stadtmauer gleicht als einer Festung. Andere der dicken, alten Mauerwerke gehen auf die Kämpfe zwischen den papsttreuen Guelfen und den Ghibellinen, den Anhängern des Kaisers, im 13. und 14. Jahrhundert zurück, wie etwa die Burg von *Padenghe*.

Jachten statt Handelsschiffe

Auch *Desenzano* blieb von diesen Auseinandersetzungen nicht verschont, allerdings stehen vom Kastell nur noch ein paar Mauern und Türme. Wer in Desenzano, mit gut 20 000 Einwohnern der größte Ort am Gardasee, auf geschichtlichen Spuren wandeln will, muss in die Villa Romana. Diese römische Badevilla aus dem 3. Jahrhundert wurde erst vor rund achtzig Jahren entdeckt und fasziniert durch ihren kunstvoll gestalteten Mosaikboden.

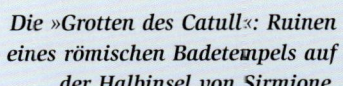

Lago di Garda — map showing the lake and surrounding region in LOMBARDIA and VENETO, including Salò, Garda, Sirmione, Desenzano del Garda, Peschiera del Garda, Bardolino, Lazise, and the Parco Regionale del Mincio.

Die »Grotten des Catull«: Ruinen eines römischen Badetempels auf der Halbinsel von Sirmione.

Schon die Römer waren fasziniert von Sirmione, und rund 1200 Jahre später bauten die Scaliger an diesem Ort ihre trutzige Burg (oben). – Heute prägen Urlauber das Straßenbild wie kaum irgendwo sonst am See (rechts oben). Da kann auch der Straßenhändler mit ausreichend Kundschaft rechnen (rechts).

Desenzano geht es gut, und das weniger wegen des Massentourismus. Schon im Mittelalter spielte der Hafen der günstig gelegenen Siedlung am südwestlichen Ufer des Sees eine wichtige Rolle: Von hier aus wurden Güter aller Art Richtung Norden und umgekehrt nach Venedig und Mailand transportiert. Heute ist aus dem Warenumschlagplatz ein schmucker Jachthafen geworden, der zahlungskräftiges Publikum in die Stadt bringt, vor allem zur Zeit der Centomiglia, einer der bedeutendsten Segelregatten. Dann platzt Desenzano mit seiner Piazza aus allen Nähten, zumal wenn dienstags, wie schon bei den Römern, Markttag ist. Und dieses bunte Treiben zieht viele Menschen an. Wem also eine gewisse Enge nichts ausmacht, der sollte den populären Ort ruhig an einem Dienstag zur Zeit der Centomilia besuchen.

Liebesknoten aus Valeggio

In Valeggio gewesen zu sein, ohne die Tortellini probiert zu haben, ist ein Fehler. Nirgendwo sonst reizen die »Liebesknoten«, die »Nodi d'amore«, mit mehr kulinarischer Raffinesse. Es war eine einsame Wassernymphe, die dereinst durch einen Knoten im Taschentuch ihre große Liebe fand und so dem verdrehten Teig den Namen gab. So sagt es die Legende.

Aber genau genommen waren es Unkrautjäterinnen aus der Emilia-Romagna, die um 1900 auf der Suche nach Arbeit ihre Lieblingsspeise, die Agnolini, nach Mantua brachten. Die Kaufleute aus Mantua wiederum kamen oft nach Valeggio. Was sie aber dort serviert bekamen, mundete ihnen so überhaupt nicht – sie wollten ihre Agnolini. Die sollten sie fortan auch bekommen, allerdings unter neuem Namen und mit verändertem Rezept.

Ein Besuch in Sirmione

Der Besuch *Sirmiones* will geplant sein, auf jeden Fall in der Urlaubszeit und an Feiertagen. Dann tummeln sich die Massen. Frühaufsteher und Nachtschwärmer werden noch am ehesten mit Eindrücken belohnt, wie sie schon der römische Dichter Catull pathetisch formulierte: »Sei gegrüßt, du herrliches Sirmione…«. Vor allem der Sonnenuntergang vor diesem vier Kilometer langen Ufer-Appendix hat es in sich: Nirgendwo sonst am See bricht sich die Abendsonne schöner als im Wasser rund um den Brandungsgürtel der Insel. Dies begeisterte auch schon die alten Römer, sie bauten hier eine Siedlung und zwei Kastelle. Die Kolonie war der Ursprung des heutigen Sirmione mit seinen schmalen gepflasterten Gassen, hoch aufragenden ziegel-

bedeckten Häusern und den hübschen kleinen Plätzen. Doch so schön und anmutig Sirmione aufgrund seiner Lage und Architektur auch sein mag – mit den Besuchermassen geht jegliches Flair dahin. Und wenn sich dann auch noch die per Sondererlaubnis autorisierten Wagen durch die winkligen Gassen quälen, muss man Mitleid haben mit dieser historischen Perle.

Lazise: In dem hübschen Ort am südlichen Ende der Olivenriviera war einst die venezianische Flotte stationiert, die den See gegen die Mailänder verteidigen sollte. Von dem Hafen ist jedoch kaum noch etwas übrig geblieben – man brauchte Land für immer mehr Menschen. Und so stehen heute hier, gegenüber der Kirche San Nicolò, schmucke Häuser (oben). Weil der Autoverkehr aus der Altstadt und von den Uferpromenaden fern gehalten wird, bewahrt sich Lazise seinen besonderen Charme.

Seite 128/129:
Sirmione mit der Scaliger-Burg.

Von den beiden ehemaligen Kastellen ist eines verschwunden, auf dem anderen errichteten die Scaliger ihre trutzige, aber trotzdem anheimelnde Festung. Es ist diese Wasserburg mit dem von Seerosen überwucherten Hafenbecken und den typischen Schwalbenschwanz-zinnen vor dem Hintergrund der nördlichen Berggipfel, die Sirmione zu einem Augenschmaus und dem wohl beliebtesten Fotomotiv am Gardasee machen. Im Innern präsentiert sich die Festung weniger gastlich: mächtige Fallgitter, steile Treppen, schmale Schießscharten. Gewohnt hat hier nie jemand. Den streitsüchtigen Herrschern aus Verona diente die wehrhafte Burg im 13. Jahrhundert einzig zum Machterhalt und Kampf gegen die Bevölkerung von Sirmione.

Kuren im Land des Catull

Da hatten die Römer freilich noch noblere Absichten: Rund hundert Jahre nach Christi Geburt begannen sie mit dem Bau einer gigantischen Villen- und Thermenanlage am äußersten Ende der Halbinsel, den »Grotten des Catull«. Der Name geht zurück auf eine mittelalterliche Überlieferung, in der Sirmione als das »Land des Catull« bezeichnet wurde.

Wie groß diese Therme einmal gewesen ist, sieht man am besten vom Wasser aus, aber auch ein Rundgang durch die gewaltigen Mauern und Säulen lässt erahnen, dass hier einmal das Leben in vollen Zügen genossen wurde; im Museum steht ein Modell der kompletten Villenanlage. Und wer es wie die Römer halten will, sollte sich zu einer Kur in den Catull-Thermenanlagen von Sirmione einquartieren: Das schwefel-, brom- und jodhaltige Wasser heilt Hals-, Nasen- und Ohrenerkrankungen, und die traumhafte Umgebung ist der Genesung von jeglichem Leiden sicher sehr dienlich. Apropos Heilung: Diese soll ja bekanntlich auch von innen kommen, und so wird kein verständnisvoller Medizinmann etwas gegen ein Gläschen Lugana einzuwenden haben. Der weiße Tropfen wird nämlich direkt vor der

Fortsetzung Seite 132

GIRO DELLA PENISOLA
GROTTE DI CATULLO
L 30.000
RUNDFAHRT UM DIE
INSEL SIRMIONE

Lombardische Schönheit

Ein Ausflug nach Brescia

1 Wertvolle Kunstschätze wie dieser römische Bronzekopf sind im aufwändig restaurierten Museo di Santa Giulia Kloster San Salvatore ausgestellt. – 2 Die Piazza della Loggia prägt das Stadtbild. – 3 Typisch italienisch: Irgendein Platz mit irgendeiner Statue wird sich bestimmt als Treffpunkt finden lassen. 4 Der Palazzo del Comune dominiert die Piazza della Loggia. Heute residiert in dem Gebäude (15. Jahrhundert) Brescias Bürgermeister. – 5 Nachbarn aus verschiedenen Epochen: Auf der Piazza Paolo VI. stehen vorne der alte Dom, in der Mitte der neue Dom und dahinter das alte Rathaus »Broletto«.

Von Salò nach Brescia? Mit dem Auto eine gute halbe Stunde, sagt der alte Gemüsehändler auf dem Markt in Salò, und fügt hinzu: Aber warum denn nach Brescia? Verona sei doch viel schöner. Das ist das Schicksal von Brescia: Bei der Frage – Verona oder Brescia? – zieht die Provinzhauptstadt im Westen meist den Kürzeren.

Schade, denn auch Brescia will entdeckt sein, selbst wenn man mehr tun muss als in Verona, um die Stadt kennen zu lernen. Brescia ist eigentlich eine Wirtschaftsmetropole und eben weniger touristischer Anziehungspunkt.

Die Brescianer gelten als fleißiges Völkchen. Den Einwohnern war es schon lange ein Dorn im Auge, dass ihr Kloster San Salvatore mit der Kirche Santa Giulia erst 1996 von der Stadt komplett gekauft und dann gründlich restauriert werden konnte. Es geht auf den Langobardenkönig Desiderio und das 8. Jahrhundert n. Chr. zurück, damals spielte Brescia als Herzogtum eine wichtige Rolle. Das Kloster samt Museum und die Kirche sind inzwischen in alter Pracht wieder erstanden, und so lohnt ein Abstecher, um mehr über die Geschichte der Stadt zu erfahren.

Die begegnet einem freilich überall in der Altstadt. Der kleine Hügel (»brig« bedeutet hochgelegen) war schon zu römischen Zeiten besiedelt und gab der Stadt ihren Namen. Damals hieß Brescia noch Brixia. Rund fünfzehn Jahrhunderte später

4

5

ters beherrscht ein Turm das Bild: der Torre del Pégol im Justizgebäude Broletto, dessen Glocken immer dann läuteten, wenn es Zeit für eine Bürgerversammlung war.

Heute treffen sich die Einwohner Brescias wie alle anderen Italiener auch auf ihren Piazzi. Zu den schönsten venezianischen Plätzen gehört die Piazza della Loggia aus dem 15. Jahrhundert. Nur ein paar Gassen entfernt liegt die Piazza Paolo VI. zu Ehren des aus Brescia stammenden Papstes Giovanni Battista Montini mit dem Duomo Vecchio und dem Duomo Nuovo. Die Antwort auf die Frage nach dem Stadtbesuch lautet also nicht »entweder Verona oder Brescia«, sondern »sowohl als auch«.

wurde das Kastell zu einer der größten Befestigungsanlagen Norditaliens ausgebaut; die drei mächtigen runden Türme trotzten jedem Angriff. Auch bei einem anderen wichtigen Bauwerk aus der Zeit des Mittelal-

Haustür der Halbinsel angebaut und kann es durchaus mit dem berühmteren Bianco di Custoza aufnehmen. Auch der stammt vom südlichen Gardasee, nämlich aus der Region um den Ort Custoza.

Der nutzlose Damm

Ein Ausflug in das Tal des Mincio, dem Ablauffluss des Gardasees, lohnt sich unbedingt. Der Strom schlängelt sich durch das Tal, und statt der Straße nach Valeggio sul Mincio zu folgen, fährt man besser hinab zum *Borghetto Valeggio sul Mincio* und überquert die gewaltige 600 Meter lange steinerne Brücke. Sie war ursprünglich als Damm gedacht, den Giangaleazzo Visconti Ende des 14. Jahrhunderts bauen ließ, um der verfeindeten Stadt Mantua das Wasser abzugraben. Dazu sollte es jedoch nie kommen.

Das kümmert in Borghetto Valeggio sul Mincio heute niemanden mehr: Das steinerne Monument lockt nicht wenige Menschen ins Tal, und die wissen die schöne Stimmung des wasserumspülten Dorfes bei einer Portion echter Tortellini aus Valeggio schnell zu schätzen. Und wenn man schon mal in der Gegend ist, sollte man in *Solferino* der toten Soldaten gedenken, die am 24. Juni 1859 hier ihr Leben ließen. Italiens Viktor Emanuel II. zwang gemeinsam mit Frankreichs Napoleon die Habsburger in die Knie. Wie teuer dieser Sieg bezahlt werden musste, dokumentiert das Museum in der ehemaligen Burg; und im Gebeinhaus der Kirche liegen Überreste der Soldaten als Memento mori.

Strategisch der wichtigste Ort

Seit *Peschiera del Garda* eine Umgehungsstraße hat, atmet der Ort ein wenig auf. Bis dato musste der Verkehr durch die Gassen und über die Brücken der Verteidigungsanlagen geleitet werden, was mehr schlecht als recht funktionierte.

Schon für die Römer war Peschiera nur als Festung von Bedeutung, die später von den Scaligern und Venezianern ausgebaut wurde. Kein Wunder, denn im Mittelalter konnten noch Schiffe auf dem Mincio bis zum Po fahren, und so bestand eine direkte Verbindung zum Mittelmeer. Die machte allerdings der nutzlose Brückendamm bei Valeggio zunichte, und so entstand im Jahr 1438 der abenteuerliche Plan, eine venezianische Flotte über die Berge von der Etsch an den Gardasee zu bugsieren, um den von den Mailändern eingeschlossenen Menschen am nördlichen Seeufer und in Brescia zu Hilfe zu kommen.

Im 19. Jahrhundert wurde Peschiera dann noch einmal von den Österreichern erweitert. Für sie hatten die mehr als zwei Kilometer langen Festungsmauern nur strategische Bedeutung: Mit dem Befestigungsviereck zwischen Verona, Legnano, Mantua und Peschiera sollte die Einigungsbewegung Italiens unterdrückt werden. Den Anfang vom Ende dieses Vorhabens leitete dann eben jene Niederlage der Österreicher bei Solferino ein.

Mit der Eröffnung des Vergnügungsparks »Gardaland« 1975 nördlich von Peschiera haben die hübsche Altstadt und der Hafen einen touristischen Schub erlebt, denn so manche Familie sucht nach einem Tag im modernen Erlebnisland die ruhige Atmosphäre im Hafenviertel – im Sommer allerdings vergebens.

Stille findet man am *Laghetto di Frassino*, in der vielleicht schönsten Kapelle am Gardasee: Madonna del Frassino heißt das Gotteshaus aus dem 16. Jahrhundert, das eine wundertätige Marienstatue beherbergt. In *Lazise*, dem ersten Ort auf der Gardesana Orientale, riegeln drei Stadttore das Zentrum vom motorisierten Verkehr ab: Wer Lazise erleben will, muss das zu Fuß tun. Und es gibt eine Menge stimmungsvoller Eindrücke in dem wehrhaften Städtchen. Die Scaliger – wer sonst? – machten aus der Siedlung eine Festung mit einem sechstürmigen Kastell, die Venezianer errichteten hier später ihren Kriegshafen. Die Burg selbst ist allerdings im Besitz des Grafen Bernini – Zutritt verboten.

Seeblick mit Musik: auf dem Marktplatz von Desenzano (links). Der 600 Meter lange Ponte Visconteo in Borghetto di Valeggio sul Mincio ist ein lohnendes Ausflugsziel südlich des Gardasees. (oben). – Frühstück auf italienisch: ein schneller Espresso in einer Bar (links).

Seite 134/135:
In André Hellers Giardino Botanico in Gardone.

1

Botanische Attraktionen

Kunstvolle Gärten für Genießer

2

3

4

1 Seerose im Giardino Sigurtà.
2 Wer es eilig hat, kann den Park des Grafen auch nur mit dem Auto erkunden. Aber mit mehr Muße macht es auch mehr Spaß.
3 Auf dem Weg in eine Welt voller Fantasie: 1989 übernahm André Heller den Park von Arthur Hruska, pflanzte Gewächse aus aller Welt und gestaltete den Garten zusammen mit befreundeten Künstlern.
4 Markenzeichen des Giardino Sigurtà: Von Zypressen gesäumte Wege und Anlagen. Schätze des Gartens: farbenprächtige Orchideen (5) und stolze Calla (6).

Seite 138/139:
Ein ganzes Tal in voller Blüte – Valle delle Pesche zur Zeit der Pfirsichblüte.

Wäre Arthur Hruska nicht gewesen – wer weiß, ob es André Heller nach Gardone Riviera verschlagen hätte. Hruska liebte Pflanzen, und alles, was er als weitgereister Mediziner an Samen und Setzlingen in die Hände bekam, pflanzte er in Gardone Riviera in ein wunderschönes Stückchen Land, das er für seinen Gartentraum erstanden hatte. Dann sah er zu, wie sein Wunschgarten wuchs und wuchs, denn das milde Klima im Schutz der Alpen schafft ideale Verhältnisse, selbst für tropische Pflanzen. Hruska starb, und 1989 kam Heller.

Kurzerhand kaufte der Künstler den Garten in der schönen Hanglage mitsamt der Arztvilla und pflanzte noch mehr Exotisches, Fernöstliches, ebenso wie Einheimisches. Und damit bei so viel Grün die Kunst nicht zu kurz kam, beauftragte Heller ein paar Freunde, das Grün nach allen Regeln der Kunst zu gestalten. So entstand die Fondazione André Heller, ein Kunst-Genuss-Garten.

Man möge diese Anlage verstehen, so wird der Besucher eingeführt, als einen »Paradiesgarten, dessen Schönheit und Sinnlichkeit jedem Lustwandelnden Kraft vermittelt«. Eine Aufforde-

136

5

6

rung, der gerne und leicht nach-
zukommen ist.

2000 Pflanzen aus aller Herren
Länder kriechen über akribisch
geharkte Erde oder ranken
sich in ein grünes, wildes
Chaos. Nie gesehene Sträu-
cher konkurrieren mit himmel-
hoch ragenden Baumriesen,
Bächlein plätschern in Teiche
und versorgen Prachtexempla-
re schillernder Koi-Karpfen mit
Sauerstoff. Und irgendwo dazwischen spucken auf Pfählen pos-
tiert zwei tönerne Masken um
die Wette. Gerade diese Installa-
tionen und Plastiken verleihen
dem Garten das Besondere.
Keine Frage: Wäre der Hobby-

botaniker Hruska noch am
Leben, er würde die Evolution
seines Parks von Gartenkunst
zum Kunstgarten sicher goutie-
ren.

Mit derlei Ambitionen hatte Graf
Carlo Sigurtà freilich wenig im
Sinn. Es mag der Blick über die
traumhafte Landschaft gewesen
sein, der ihn zu seinem Garten
inspirierte, oder nur der Wunsch,
mit dem Giardino Sigurtà der
Nachwelt im Gedächtnis zu
bleiben. Wie auch immer: Wer
einen Ausflug nach Valeggio und
seinem Scaliger-Kastell unter-
nimmt, wer in die lieblich-sanfte
Landschaft des Mincio südlich
des Gardasees fährt, der sollte

sein Gefährt auch in den Garten des Grafen steuern und
das Auto natürlich ab und zu
stehen lassen, um ein paar
Meter zu Fuss zu gehen. Aber
den schönsten Einblick in die
grüne Pracht mit Bächen und
Seerosenteichen, Blumenwiesen
und mediterranen Wäldern bekommt man tatsächlich vom
Wagen aus.

So unterschiedlich die beiden
»giardini« am Gardasee auch
sein mögen – hier die verträumte Hellersche Gartenlust, dort
das herrschaftliche Anwesen –
so sind sie doch beide Oasen der
Ruhe in einer zuweilen von
Hektik getriebenen Gegend.

Wo Julia ihren Romeo küsste

Verona

Wer *Verona* zum ersten Mal besucht, sollte sich nicht gleich all jenen Menschen anschließen, die nur die Arena im Visier haben. Vielmehr lohnt es sich, etwas gegen den Strom zu schwimmen, um sich der Stadt zu nähern. Und das geht ganz einfach: Mit einer Fahrt auf den *Colle di San Pietro* zum Beispiel, oder indem man auf den *Torre dei Lamberti* steigt. Allerdings steht dieser Turm mitten in der Stadt an der *Piazza delle Erbe*, und das könnte für Probleme sorgen, wenn es um die Unterbringung des Wagens geht. Beide Orte haben aber etwas gemeinsam: Sie bieten einen interessanten und weiten Blick über die Stadt, »la Bassa« ist zu sehen, die Veroneser Tiefebene, und auf der anderen Seite das Valpolicella sowie die Lessinischen Alpen. Wer Verona nicht nur im Vorübergehen erleben, sondern auch seine Geschichte verstehen will, der muss sich genau das vor Augen halten: die Lage der Stadt.

Auf Schritt und Tritt begegnet man in Verona den Zeugnissen seiner glanzvollen Vergangenheit – etwa im Museo Archeologico (ganz oben). Staatsgewalt hoch zu Ross: vor der Arena (oben). Aberglaube? Das Berühren der Julia'schen Büstenbrust bringt angeblich Glück in der Liebe (rechts).

Auf diesem Balkon in der Via Cappello soll die schmachtende Julia auf ihren Romeo gewartet haben (rechte Seite).

Das Nadelöhr zwischen den Kulturen

Nicht von ungefähr entstand Verona am Südende des Etschtals; überhaupt spielt die Etsch schon seit jeher eine wichtige Rolle, denn die Altstadt liegt eingebettet in einer weiten Schleife des Flusses. Wer Handel mit den Völkern nördlich der Alpen treiben wollte, kam an Verona nicht vorbei. Schließlich führt der einfachste Weg über den Brenner, damals wie heute. Zwar gab und gibt es andere Möglichkeiten, über die Alpen zu gelangen, doch Verona hat es gut verstanden, sich als Nadelöhr im Gespräch zu halten. Das gilt freilich auch für die Handelswege in umgekehrter Richtung, von Nord nach Süd also, vor allem aber für die Touristenströme. Und so ist für viele Italienreisende die Stadt zugleich diese erste kulturelle Begegnung mit dem Land.

Fortsetzung Seite 146

Der Weg zum römischen Theater lohnt nicht nur wegen der Überreste des antiken Amphitheaters. Vom Hügel San Pietro bietet sich ein schöner Blick über die Altstadt (oben).
Mittelpunkt der Stadt ist die Piazza delle Erbe, wo es neben Obst und Gemüse auch Souvenirs zu kaufen gibt (Mitte).
Wer Ruhe sucht, findet sie in einer der Kirchen oder spaziert durch den Giardino Giusti (rechts).

Veronas Kirchen

»Chiese Vive« – Lebendige Kirchen – nennt sich ein Förderverein in Verona, dem die fünf bedeutendsten Kirchen der Stadt am Herzen liegen.
So die Basilika San Zeno Maggiore aus der Zeit der Veroneser Romanik: In dem imposanten Sakralbau sind vor allem die Fensterrose, der Glockenturm und das Portal sehenswert.
Der Dom Santa Maria Matricolare wurde 1187 geweiht. Ins Auge fallen die doppelte Vorhalle und das Tor mit Reliefs und Lünette. San Fermo Maggiore vereint zwei Kirchen in einer: Weil die untere romanische Kirche oft überschwemmt wurde, baute man im 14. Jahrhundert eine gotische darüber. Sant'Anastasia, Veronas größtes Gotteshaus, besticht durch seine Altäre, Kapellen und das kunstvolle Gewölbe.
San Lorenzo, ursprünglich im 8. Jahrhundert errichtet, wurde nach dem großen Erdbeben von 1117 im romanischen Stil wieder aufgebaut.

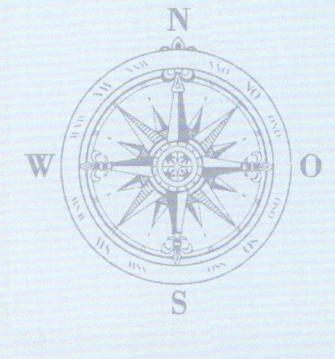

Map

VALDONEGA

VERONETTA

Lungadige Catena
Lungadige Attiraglio
Via Mameli
Via Goffredo Mameli
Via San Leonardo
Via dei Colli
Via San Leonardo
Via Marsala
Via Maldorado
Piazzale Stefani
Via XXV Maggio
Via Ciro Menotti
Via Garibaldi

Lungadige Cangrande
Viale Cristoforo Colombo
Ponte Catena
Farinata Uberti
Piazza Vittorio Veneto
Viale dei Mille
San Giorgio Maggiore
Santo Stefano
Castel San Pietro
Museo Archeologico
Teatro Romano
Via Regaste Redentore

Veronese
BORGO TRENTO
Via IV Novembre
Viale della Repubblica
Via Todeschini
Lungadige Panvinio
Lungadige Matteotti
Biblioteca Capitolina
Ponte Pietra
Ponte Garibaldi
Duomo Santa Maria Matricolare
Sant'Anastasia

Via da Vico
Via Emilei
Via Fama
Ponte Risorgimento
Piazzale Codoma
Ponte Vittoria
Palazzo Maffei
Palazzo del Governo
Santa Maria in Organo
Giardino Giusti

Via Regaste Re Teodorico
Via dell'Acqua Morta
San Zeno Maggiore
Via Porta San Zeno
Piazza Corrubio
Via San Giuseppe
San Lorenzo
Co so Porta Borsari
Porta Borsari
Piazza dei Signori
Piazza delle Erbe
Torre dei Lamberti
Ponte Nuovo
Carducci
Via S. Nazaro

Adige (Etsch)
Lungadige Campagnola
Regaste San Zeno
Pıssaro
Canale
Ponte Scaligero
Arco dei Gavi
Via Oberdan
Corso Cavour
Via Mazzini
Casa di Giulietta
Via Cappello
Porta dei Leoni
Via S. Michell
San Paolo
Via XX Settembre

SAN ZENO
Castelvecchio
Via Roma
Corso Castelvecchio
San Bernardino
Museo Lapidario
Municipio
Arena
Piazza Bra
Via Leoncino
S. Maffei Strad.
San Fermo Maggiore
Ponte Navi
Via Pallone
Ponte Aleardi

BORGO MILANO
Via Piccoli
Circonvallazione S. Zeno
Viale Col. Galliano
Carega
Via Valverde
Porta del Palio
Stradone Porta Palio
Via Cam. Scalzi D. Casa
Corso Porta Nuova
Via del Mutatore
Via Battisti
Via SS. Trinità

Via Albere
CITTADELLA
Via Locatelli
Via Zecca
Via Aporti
Capuleti
Tumba di Giulietta
Università
Via Campofiore
Lungadige Porta Vittoria
Via Francesco Torbido

Bretella A22
Luciano Daphné
Dal Cero
Alfredo Oriani
Porta Nuova
Circonvallazione Raggio di Sole
Via Zsopatore
Lungadige Galtarossa
Via Campo Marzo

Via delle Coste
Via del Piave
Camuzzoni
Stazione Porta Nuova
Piazzale Porta Nuova
Via Franco Faccio
Ponte San Francesco

CAMPO MARZO

VERONA
0 — 200 m
N

Ob Julia einverstanden wäre mit dem Kult, der um sie und Romeo getrieben wird? Nur gut, dass ihre letzte Ruhestätte weit entfernt liegt von jenem sagenum-wobenen Balkon (oben). Außen romanisch, innen gotisch: der Duomo Santa Maria Matricolare (unten). Die beiden Seitenschiffe sind fast genauso hoch wie das Mittelschiff.

Seite 144/145:
Blick in die Krypta der berühmten San Zeno Basilika in Verona.

An Bozen fuhr man vorbei, ebenso an Trient. Die beiden Alpenstädte liegen eher zwischen den Welten, der germanisch geprägten auf der einen und der italienischen auf der anderen Seite. Das wird auch an der Sprache deutlich: Hier wie dort wird noch Deutsch gesprochen. Anders in Verona: Höchstens die Damen in den Touristinformationen verstehen noch eine Handvoll deutsche Wörter. Für weniger Sprachbegabte gilt die internationale Verständigungsweise mit Händen und Füßen (was im Übrigen dem italienischen Habitus sehr entgegenkommt).

Verona ist also Italien. Für uns. Süditaliener sehen das ganz anders: Für sie beginnt ihr Land, das wahre Italien, eigentlich erst südlich von Rom. Alles was weiter nördlich liege, sei Nordeuropa. Sagen sie. Es ist der ewige Zwist zwischen dem sehr mediterranen, legeren

Verona spielte im römischen Reich eine wichtige Rolle. Aus dieser Zeit stammt auch der Ponte Pietra über die Etsch (oben). Neben der Familienkirche der Scaliger, dem romanischen Gotteshaus Santa Maria Antica, befindet sich die Gruft des Herrschergeschlechts (rechts). Zinnenbewehrt führt der Ponte Scaligero über die Etsch (rechte Seite oben). Am Palazzo del Comune (rechte Seite unten).

und wirtschaftlich ärmeren Mezzogiorno und dem strebsamen, zuverlässigen und im Verhältnis reichen Industriegürtel im Norden des italienischen Stiefels. Politisch drückt sich dieses Ungleichgewicht in den abstrusen Forderungen der Lega Nord aus, Norditalien in die Unabhängigkeit zu entlassen. Wer aber den Süden Italiens nicht kennt, wer noch nie in Neapel oder Bari war, der wird diese Unterschiede kaum wahrnehmen können und Italiens Norden typisch italienisch finden. Verona ist also Italien – und darauf ist man stolz.

Suche nach der eigenen Identität

Verona ist keine Metropole. Dieser Status kommt im Norden des Landes alleine Mailand und Turin zu. Viele Menschen in und um Verona leben vom grundsoliden Handel mit landwirtschaftlichen Produkten, wie Obst und Oliven, angebaut in den Lessinischen Bergen, der Bassa und natürlich am Gardasee; das Warenumschlagszentrum und die Zollstation von Verona gehören zu den modernsten und größten ihrer Art in Italien. Und so wundert es nicht, dass das Pro-Kopf-Einkommen der Veroneser stetig steigt, während Italien weiter südlich ums ökonomische Überleben kämpft. Dies erfüllt die Norditaliener keineswegs mit Stolz, man betrachtet es eher als gottgegeben und selbstverständlich. Zwei Anlässe gibt es jedoch, an denen sich die Stadt an der Etsch sehr hochgemut und weltläufig präsentiert. Wenn alljährlich – und dies bereits seit über hundert Jahren – die Internationale Landwirtschaftsmesse auf dem kleinen, aber feinen Messegelände ihre Pforten öffnet, tritt Verona für ein paar Tage ins Scheinwerferlicht.

Vor allem zur Festspielzeit sind freie Plätze in den Bars und Restaurants von Verona schwer zu ergattern, ganz gleich ob auf der Piazza delle Erbe (rechts) oder der Piazza Bra vor der grandiosen Kulisse der Arena (rechte Seite). Frisch gestärkt lässt es sich prima shoppen: In der Via Mazzini sind die Modeschöpfer von Welt zu Hause (unten). Man sieht sich, man trifft sich auf der Piazza delle Erbe (unten rechts).

Und noch heller erstrahlt Veronas Stern, wenn sich alle Jahre wieder der Vorhang hebt und der Welt größtes Opernspektakel in der Arena über die Bühne geht – dann feiert man sich selbst und ist sich anschließend aber auch einig, dass es des Aufhebens nun genug sein müsse. Für ein Jahr zumindest. Veroneser bringen dies auf den kurzen Nenner: Man bevorzuge eben Klasse statt Masse. Für Außergewöhnliches ist man aufgeschlossen, mit dem Banalen mögen sich andere herumschlagen. In der *Via Mazzini* wird diese Lebenseinstellung deutlich: Hier dominieren keine großen Kaufhäuser, auch Wühltische sucht man vergebens. Edle Boutiquen mit wohlklingenden Namen reihen sich aneinander, aber eine Stadt von Welt, nein, das ist Verona nicht.

Dabei waren die Voraussetzungen, im Konzert der Großen mitspielen zu können, gar nicht so schlecht, denn oft hat die Geschichte strategisch wichtige Städte mit einer entsprechenden Bedeutsamkeit in der Zukunft belohnt. Lag es nun daran, dass die Veroneser ihre

Chancen nicht genutzt haben? Lag und liegt es vielleicht auch daran, dass ihre Geschäftsleute eher dem bodenständigen Wirtschaften und den Traditionen verhaftet sind als dem Fortschrittsglauben? Oder liegt es gar in ihrer Mentalität begründet, dass sie zwischen Venedig und Mailand keine wirkliche eigene Identität finden konnten? Wie auch immer: Die lange Geschichte der Stadt weist durchaus Ereignisse auf, die dazu angetan gewesen wären, Verona aus dem Mittelmaß herauszuführen.

Verona und das alte Rom

Natürlich waren es die alten Römer, die schon 49 v. Chr. der jungen Siedlung an der Etsch römische Bürgerrechte zugestanden und wichtige Straßen in der Stadt zusammenführten: Die Via Claudia Augusta verlief in Nord-Süd-Richtung, und die Via Gallia verband das Reich von Ost nach West. Die Steinbrücke *Ponte Pietra* am nördlichen

Etschbogen war Teil dieses Straßennetzes, das bis zum damaligen Forum, der heutigen Piazza delle Erbe, führte. Der Ponte wurde im 1. Jahrhundert n. Chr. gebaut, gegen Ende des Zweiten Weltkrieges jedoch, wie die anderen neun Brücken Veronas, von den Deutschen zerstört, um den Vormarsch der Alliierten zu stoppen; nur den Ponte Pietra baute man danach originalgetreu wieder auf. So steht er heute wieder in guter Gesellschaft mit all den anderen Bauwerken aus vorchristlicher Zeit da: dem römischen Theater zum Beispiel, das im Sommer als Kulisse für traumhafte Ballettaufführungen dient; oder den Stadttoren Porta Borsari, Porta Leona und dei Leoni, die früher durch die Stadtmauer miteinander verbunden waren; oder dem Arco dei Gavi, um den der Verkehr 2000 Jahre später nun einen Bogen machen muss. Und nicht umsonst ließen die Römer in Verona eine der monumentalsten Arenen des Reiches aus dem Boden stampfen. Wer im besten Sinne des Wortes in das antike Verona zurückgehen möchte, der sollte die Via Cappello von der Piazza delle Erbe bis ans

Fortsetzung Seite 155

Vorhang auf in der Arena

Die Opernfestspiele von Verona

1 Gut 20 000 Menschen fasst das weite Oval aus der Römerzeit, das den Jahrhunderten trotzte.

2 Ein Bühnenbild übertrifft das andere, hier eine Aufführung der Oper »Aida«.

3 Warten auf den Auftritt: Balletteusen in »Nabucco« (2001).

4 Inszenierungen vom Feinsten: Dramatisch und farbenfroh wird Bizets »Carmen« aufgeführt.

5 Auch hinter der Bühne, bei den Maskenbildnern, wird hart gearbeitet.

6 Ein Jahr haben die Schneider Zeit, aus einfachen Stoffen festliche Kostüme zu zaubern.

7 Fachsimpeln in der Pause gehört zu einem gelungenen Opernabend dazu.

Seite 152/153:
Die Piazza dei Signori in Verona.

Wenn einer eine Reise tut, hat er bekanntlich was zu erzählen. Wer eine Reise zu den Opernfestspielen nach Verona macht, wird vermutlich in den höchsten Tönen schwärmen und kaum wissen, wo denn anzufangen sei – es gibt so viel zu berichten: Vom Gardasee natürlich, der einen Abstecher wert war, von Verona, dieser Perle Norditaliens, von der Arena di Verona und schließlich dem eigentlichen Anlass der Reise, dem »Event« in jenem altehrwürdigen Oval aus römischen Tagen.

So mancher mag den Opernabend ja in feucht-fröhlicher Erinnerung haben, seine Erzählung könnte sich dann wie folgt anhören: Um 21 Uhr hätte es mit »Aida« losgehen sollen, und als

alle – 20 000 Besucher mögen es gewesen sein – in der Arena waren, als endlich jeder seine Reihe und seinen Sitz im weiten Rund gefunden hatte, die Instrumente gestimmt waren und der Dirigent den Taktstock hob, da fing der Regen an. Nein, es begann zu schütten, der Himmel

öffnete seine Schleusen. Alles sprang auf, Schirme wurden aufgespannt; wer keinen Regenmantel dabei hatte, kaufte sich einen bei einem der fliegenden Händler in der Arena. Und just in jenem Moment, da auch der Letzte in seiner spitzkapuzigen Plastikhaut verpackt war, hörte

6

7

4

5

es auf zu regnen. Ouvertüre à la Verona.

Durchaus kein unüblicher Einstieg für eine Reiseschilderung von einer der weltweit monumentalsten Opernaufführungen. Kritiker behaupten, der Wettergott müsse ein wahrer Musikliebhaber sein und wolle die Zuschauer nur schützen. Denn auch wenn ein Opernabend in der Arena von Verona bei der überwältigenden Mehrheit einen nachhaltigen Eindruck hinterlässt – musikalisch stößt manche Veranstaltung bei den Kritikern auf taube Ohren. Dabei ist weder den Kulturschaffenden hinter der Bühne und erst recht nicht den Sangeskünstlern daraus ein Vorwurf zu machen, denn sie müssen reichlich Volumen aufbieten, um die Distanzen zu überbrücken. 132 Meter misst die Arena von einem zum anderen Ende, die Bühne ist etwa so groß wie ein halbes Fußballfeld, rund 50 Meter sind es von hier zur ersten Stuhlreihe. Viele bezahlen viel Geld, um genau dort zu sitzen und müssen dann leicht entnervt erkennen, dass sie leider weniger erkennen als die Zuschauer hoch oben auf den Steinstufen.

Im Jahr 1913, zum 100. Geburtstag Giuseppe Verdis, hob sich der Vorhang zum ersten Mal, und seither zählen die Opernfestspiele von Verona zu den bestbesuchten Kulturveranstaltungen weltweit. Im Jahr 2001 lieferte Verdi erneut den Anlass für ein ganz besonderes Opernereignis: Verona und seine Arena feierten ausgiebig den 100. Todestag des namhaften Komponisten. Und manch einer, der nicht rechtzeitig gebucht hatte, musste mit einem Platz an der Seite vorlieb nehmen, der akustisch und optisch weniger vergnüglich ist.

Dennoch: Eine Reise zu den Opernfestspielen von Verona ist ein echtes Erlebnis in vielerlei Hinsicht. Jedes Jahr werden an die fünf verschiedene Opern gegeben, von Verdi, Puccini, Rossini und durchaus auch mal ein Ballett von Theodorakis – Kunstgenuss in lauer Sommerluft unter glitzerndem Sternenhimmel.

Ende spazieren: Hier bekommt man tiefe Einblicke in die Ausgrabungen und damit in das Leben der damaligen Veroneser. Keine Frage: Das alte Rom hatte große Pläne mit der norditalienischen Stadt an der Etsch, ihre strategisch günstige Lage südlich der Alpen war nicht zu übersehen.

Auch im Mittelalter blieb Verona ein Zentrum kultureller Institutionen und politischer Macht. Sie reichte sogar über weite Teile Venetiens hinaus bis in die Toskana. Es war die Zeit der Scaliger. Die Familie della Scala herrschte in Verona exakt 138 Jahre lang. In den Palästen der Stadt kehrte zunächst Ruhe ein, denn die Scaliger förderten die schönen Künste: So fand Dante Alighieri, der bedeutendste italienische Dichter des Mittelalters, hier Unterschlupf, nachdem er aus Florenz verbannt worden war. Und einer der großen Maler Italiens, Altichiero da Zevio, begründete hier im 14. Jahrhundert die Veroneser Malerschule.

Zu den Kunstschätzen in Veronas größter Kirche Sant'Anastasia (linke Seite) gehören die »due gobbi«, die beiden Buckligen, auf deren Schultern die Weihwasserbecken lasten (links). Das kostbarste Werk, das Fresko der »Aufbruch des Hl. Georg zum Kampf mit dem Drachen«, stammt von Pisanello (ganz unten). – Mit Renaissance-Malereien ist der Innenraum von Santa Maria in Organo geschmückt (unten).

Brudermord und Ränkespiel – die Herrschaft der Scaliger

Vor allem Cangrande I. della Scala, der 1329 nur 28jährig starb, steht gleichermaßen für Kultur wie auch für Macht: Sein Bestreben, Verona zur Hauptstadt eines norditalienischen Reiches zu machen, führte zu vielen kriegerischen Auseinandersetzungen. Aber nicht daran ist die Herrschaft der Scaliger letztlich gescheitert, sondern an den Intrigen innerhalb der Familie bis hin zum mehrfachen tödlichen Bruderzwist. Und das war so: Cangrande II. (auch Rabisio, »tollwütiger Hund«, genannt) wurde von seinem Bruder Cansignorio ermordet. Bald darauf griffen dessen uneheliche Söhne Bartolomeo und Antonio in das

Ränkespiel ein, und weil sie sich partout nicht einigen konnten, beförderte Letzterer Ersteren kurzerhand ins Jenseits. Immerhin hatte Rabisio Cangrande noch eilig den pompös beeindruckenden Castelvecchio bauen lassen, bevor sein Bruder Cansignorio seinem Leben ein Ende setzte. Aber auch diese Festung nutzte den Scaligern letztlich wenig, denn im Jahr 1387 hatte der städtische Adel ein Einsehen mit dem Unvermögen der Familie und öffnete die Tore der Stadt für die Mailänder unter Giangaleazzo Visconti.

Eine längere Epoche der Ruhe und des Friedens sollte erst Anfang des 15. Jahrhunderts mit dem Anschluss an die venezianische Republik einkehren. Verona wurde wieder zu einem lebhaften Zentrum für Kunst und Kultur – und wildem architektonischen Aktionismus. Denn auf Beschluss Venedigs mussten im 16. Jahrhundert

Der Giardino Giusti (oben; rechts oben) wurde im 15. Jahrhundert von der toskanischen Familie Giusti als Erinnerung an ihre Heimat angelegt, im 19. Jahrhundert im Stil eines englischen Gartens verfremdet und nach dem Zweiten Weltkrieg als kunstvoll gestalteter Garten neu angelegt. Die »Madonna Verona« auf dem Brunnen an der Piazza delle Erbe ist das Wahrzeichen der Stadt (rechts).

alle Gebäude, die einst der Befestigung der Stadt gedient hatten, abgerissen und neu aufgebaut werden. Kein Geringerer als der Architekt Michele Sanmicheli (1484–1559) wurde damit beauftragt – ein Kind Veronas, der seine Ausbildung in Rom absolviert hatte und nun in seine Heimatstadt zurückgekehrt war. Sanmicheli baute die sehenswerten Bastionen, vor allem aber ist er für die Stadttore verantwortlich, von denen die Porta Palio als das schönste Italiens gilt.

Der Rest der Geschichte bis in unsere Tage ist schnell erzählt: 1796 kamen die Napoleonischen Truppen, dann die Österreicher, dann die Franzosen, später noch mal die Habsburger – bis Verona und seine Provinz 1866 endgültig ins Königreich Italien eingegliedert wurden. Das ist die Vergangenheit der Stadt, und die interessiert in der *Via Cappello 23* niemanden. Auch nicht die beiden Mädchen, die

die nicht zueinander kommen konnten, sondern zwei Dichter der italienischen Renaissance.

Romeo und Julia, Sohn und Tochter zweier verfeindeter Veroneser Familien, sind unsterblich ineinander verliebt. Sie heiraten heimlich, bevor Julia mit einem Edelmann aus der Veroneser Gesellschaft

verheiratet werden soll. Um der arrangierten Ehe zu entgehen, schluckt sie ein Gift, das den Tod für kurze Zeit vortäuscht. Ihr Plan ist genial: Julia will sich in der Gruft beisetzen lassen und dann mit Romeo fliehen. Doch der Geliebte erfährt nichts von dem Plan. Er hört vom Tod seiner Liebsten, steigt in ihre Gruft, sieht das Malheur und bringt sich um. Julia erwacht und setzt nun ebenfalls ihrem Leben ein Ende.

Ob wahr oder erdacht: Den Liebenden in der Via Cappello 23 ist es gleich. Hauptsache, Julia steht als guter Stern über ihrer Lovestory. Und deshalb fassen sie einem alten Brauch gemäß ihrer kupfernen Herzensgöttin an die rechte Brust, so dass diese vor lauter Handgreiflichkeiten schon blitzeblank ist, und verewigen ihre Wünsche, ob mit oder ohne Herz, in dicken Strichen an den Häuserwänden ringsum. In allen Sprachen steht es zu lesen: Julia, sei mein guter Stern!

Wundervolles Verona

Es fällt nicht schwer, sich in diese Stadt zu verlieben, in ihre Plätze zum Beispiel, allen voran die *Piazza delle Erbe* und die *Piazza dei Signori* mit den Verwaltungsgebäuden. Freunden der Architektur werden die Augen übergehen angesichts der vielen prachtvollen Paläste, wie der barocke *Palazzo Maffei* aus venezianischer Zeit oder der *Palazzo del Governo*, der Herrscherpalast der Scaliger. Oder die Kirchen: Die Basilika *San Zeno Maggiore* mit ihren schweren, kunstvoll gearbeite-

turtelnd, tätschelnd, tratschend durch den Bogengang treten, an jenen Ort also, an dem Julia dereinst ihren Romeo innig geküsst haben soll. Sie stehen vor jenem Balkon, der zum Inbegriff aller Liebenden dieser Welt geworden ist. Romeo und Julia sind unsterblich.

Julia – schenk' uns Liebe!

Groß und schlank mit wohlgeformten Rundungen – so war Julia. Zumindest nach den Vorstellungen des Lions Club, der 1972 das Bronzedenkmal in der Via Cappello 23 stiftete. Dort, im *Palazzo Capuleti*, lebte jenes dank Shakespeare weltberühmte Mädchen vermutlich im 14. Jahrhundert. Doch nicht Shakespeare, der nie in Verona gewesen war, erfand die tragische Geschichte der Liebenden, ten Bronzetoren und dem prächtigen Tryptichon des Meisters Andrea Mantegna (um 1431–1506), das als Prototyp des romanischen Stils gilt.

Und dann die Arena. Wer die Chance hat, als einer von rund 22 000 Besuchern einen Opernabend in dem weiten Rund mitzuerleben, wird die Atmosphäre nicht wieder vergessen. Opernstars von internationalem Rang und Namen, von der Callas bis zu Luciano Pavarotti, ließen es sich nicht nehmen, in dieser eindrucksvollen Kulisse ihre Sangeskunst unter Beweis zu stellen. Aber auch ein Besuch außerhalb der Festspielzeit ist in dem Monumentalbau Pflicht, selbst wenn Goethe seinerzeit notierte: »Auch will es leer nicht gesehen sein, sondern ganz voll von Menschen...« Doch wann

San Zeno Maggiore ist Veronas bedeutendstes Gotteshaus und der Veroneser liebste Kirche zugleich. Vielleicht, weil sie San Zeno geweiht ist, dem heilig gesprochenen Bischof, einem Sohn der Stadt.

Löwen tragen den Baldachin des Portals (oben)*, dessen Bronzetüren weltberühmt sind* (rechte Seite)*.*

ist dieser Ort schon mal menschenleer? Genau so wenig wie die *Piazza Bra.* Ihr widmete ein anderer großer deutscher Schriftsteller einen denkwürdig schönen Absatz. In seiner »Reise von München nach Genua« aus dem Jahr 1828 notierte Heinrich Heine: »Auf dem Platze La Bra spaziert, sobald es dunkel wird, die schöne Welt von Verona, oder sitzt dort auf kleinen Stühlchen vor den Kaffeebuden, und schlürft Sorbet und Abendkühle und Musik ... Dann ist der Geist wieder sonnig ermuntert, großblumige Gefühle und Erinnerungen mit tiefen schwarzen Augen blühen hervor, und drüber hin ziehen die Gedanken, wie Wolkenzüge, stolz und langsam und ewig.«

Damals wie heute zieht dieser Ort, diese Stadt, Menschen in ihren Bann: Vor der großartigen Kulisse der Arena in einem Café an einem Espresso nippen oder Pasta gabeln – Verona ist Italien, mehr noch: ein Stück Vorzeige-Italien.

Solange es Verona gibt, war die Piazza delle Erbe Mittelpunkt der Stadt *(rechts)*. Im alten Rom wurden hier, im Forum, die wichtigsten Entscheidungen getroffen, im Mittelalter gehörte der Platz den Kräuterfrauen (»erbe« sind Kräuter), und heute ist er zu einem echten Marktplatz geworden, auf dem es neben frischem Gemüse auch allerhand Tand zu kaufen gibt. Qualität erhält man dagegen in den noblen Boutiquen und Kaufhäusern gleich um die Ecke *(oben)*.

Der Glanz alter Zeiten

Die schönsten Hotels

1 Gardone Riviera gilt noch heute als Top-Adresse am See, hier das »Maison du Relax« (im Bild rechts). – 2 Weil Strände am westlichen Ufer rar sind, hat jede Herberge, die etwas auf sich hält, einen eigenen Swimmingpool, wie das Hotel »Capo Reamol« in Limone. – 3 Wunderbare Ausblicke sind im Preis inbegriffen. – 4 Auch im Hotel »Val di Sogno« in Malcesine können die Gäste zwischen See- oder Poolwasser wählen. 5 Säulen im römischen Stil empfangen den Gast im »Villa Cortine Palace Hotel« in Sirmione. – Wem Jugendstil gefällt, der ist im Hotel »Laurin« in Salò bestens aufgehoben: der Speisesaal (6) und ein Doppelzimmer (7).

Seite 164/165:
Die Lobby des Biblos Art Hotel Villa Amista im Herzen Valpolicellas bei Verona.

Gute alte Zeit. Man mag sich die Menschen vorstellen – die Herren mit Frack und Zylinder, die Damen in wallenden Röcken – wie sie die Treppe zum ehrwürdigen »Savoy Palace« in Gardone Riviera hinaufschreiten oder an der Seepromenade des Hotels »Sole« in Riva del Garda entlangschlendern. Man sieht sie, Winston Churchill etwa oder Lawrence Olivier, beim Dinner im »Albergo Gardesana« in Torri del Benaco oder im »Laurin« in Salò.
Was wäre der Gardasee ohne seine Palazzi aus der Zeit der Jahrhundertwende? Doch was wären die alten Hotelmauern ohne das Wasser, in dem sie sich spiegeln? Es ist diese Symbiose aus naturgegebener Schönheit

und architektonischem Glanz, die heute wie damals Menschen in ihren Bann zieht. Selbst in Zeiten des Massentourismus geben die Nobelkarossen durchaus interessante Einblicke in die Zahlungskraft der Gäste. Der

Wunsch nach Individualität und Komfort ist geblieben – nur reist heute niemand mehr mit Frack und Zylinder an.
Im »Grand Hotel« in Gardone Riviera ist die Belle Époque noch immer äußerst lebendig. Auch

Hotelpaläste wie das »Savoy«, das »Fasano« oder das herrschaftliche Anwesen »Garda e Suisse« stehen für die gute alte Zeit, als der Rummel um die Gäste an der Westküste zu Beginn des 20. Jahrhunderts seinen Anfang nahm. Die Besitzer dieser Edelherbergen wissen dieses architektonische Kleinod zu schätzen und gehen bei den Restaurierungen und Erweiterungen entsprechend behutsam vor; so sonnen sich die meisten der alten Gemäuer noch heute im Glanz längst vergangener Zeiten. Auch Giuseppe Lorenzini tut dies gern. Signore Lorenzini ist der Besitzer des »Gardesana« auf der anderen Seite des Sees, in Torri del Benaco. Nun gut, es hat nur drei Sterne, dafür sind Küche und Service von einer anderen Welt. Und die 34 Zimmer sind die meiste Zeit des Jahres ausgebucht, was für sich spricht. In einem der gemütlichen Räume nächtigen und auf der lauschigen Terrasse dinieren – Signore Lorenzini darf zu Recht stolz sein auf sein Haus, dessen Speisesaal vor langer Zeit als wichtiger Versammlungsort der Gemeindehonoratioren des Sees galt. Ob sie wohl ihr Einverständnis gegeben hätten zu den touristischen Entwicklungen rund um das Wasser?

Denn auch das gehört heute mancherorts zum Gardasee: Massenunterkünfte und enge Hotelterrassen. Vor allem Limone hat es nicht leicht, so zwischen Wasser und Felsen. Ein paar Oasen gibt es trotzdem, wie das »Park Hotel Imperial«. Das Wasser zu Füßen, den Monte Baldo vor Augen – in dem Fünf-Sterne-Haus lässt es sich fürwahr prächtig urlauben.

Planen, Reisen, Genießen

Größe/Lage/ Naturraum

Der Gardasee liegt 65 Meter über dem Meeresspiegel und ist das Resultat mehrerer Eiszeiten. Im Norden formten die abschmelzenden Gletscher zunächst ein enges, einem Fjord ähnliches Tal. Im Süden lagerte sich das Geröll als Moränenhügel zwischen Verona und Brescia ab und hinterließ ein breites Seebecken. So entstand die außergewöhnliche Form des Garda-

sees mit rund 2,5 Kilometer Breite im Norden und einer Ausdehnung von 17 Kilometern im Süden, bei einer Länge von 51,6 Kilometern. Die Wasseroberfläche misst 370 Quadratkilometer, und bei Carpione ist der See mit knapp 350 Metern am tiefsten, im Durchschnitt sind es 136 Meter bis zum Grund. Gespeist wird der Gardasee von den Flüssen Sarca, Ponale und Campione; als Ablauffluss dient im Süden der Mincio. Wenn die Landwirte in der Po-Ebene in trockenen Sommern sehr viel Wasser benötigen, wird der Mincio angezapft, was letztlich zu einem Absinken des Wasserpegels im Gardasee führt. Andererseits steigt der Wasserstand im See, wenn die Etsch Hochwasser führt: Südlich von Torbole mündet nämlich der Tunnel in den See, der tief unter dem Monte Baldo gegraben wurde, um die Etsch zu regulieren. Das Monte-

Am Südufer wird nicht nur Wein angebaut (links). – Diese Aussicht empfängt den Reisenden bei Torbole im Norden (Mitte). Landschaftlich vielseitig: das Valtenesi mit der Rocca di Manerba (rechts).

Baldo-Massiv, dessen höchster Gipfel, die Cima Valdritta, 2218 Meter aufragt, begrenzt den See im Osten, im Westen sind es die Berge der Brescianer Alpen. Verwaltungstechnisch grenzen drei Regionen an das Gewässer: im Norden das Trentino, im Westen die Lombardei und im Osten

Venetien. Und die Ufer des Sees teilen sich die Provinzen Verona (Osten), Brescia (Westen) und

Trient (Norden) – sie sind gleichzeitig auch die wichtigsten Zentren rund um das Wasser: In Verona leben rund 26 0000, in Brescia 200 000 und in Trient 100 000 Menschen.

Klima/Reisezeit/ Kleidung

Es ist vor allem das mediterrane Klima, das den Besucher so kurz hinter den Alpen in seinen Bann zieht: Im Sommer klettert das Thermometer schnell auf bis zu 30 Grad, die Winde, vor allem im Norden, machen diese Temperaturen aber wenig schwül und leicht erträglich. Badesaison ist von Anfang Mai bis Ende September. Das in den Sommermonaten erwärmte Wasser des Sees sorgt wiederum im Winter

für angenehme Temperaturen und reichlich Nebel im südlichen Teil des Sees. Die Durch-

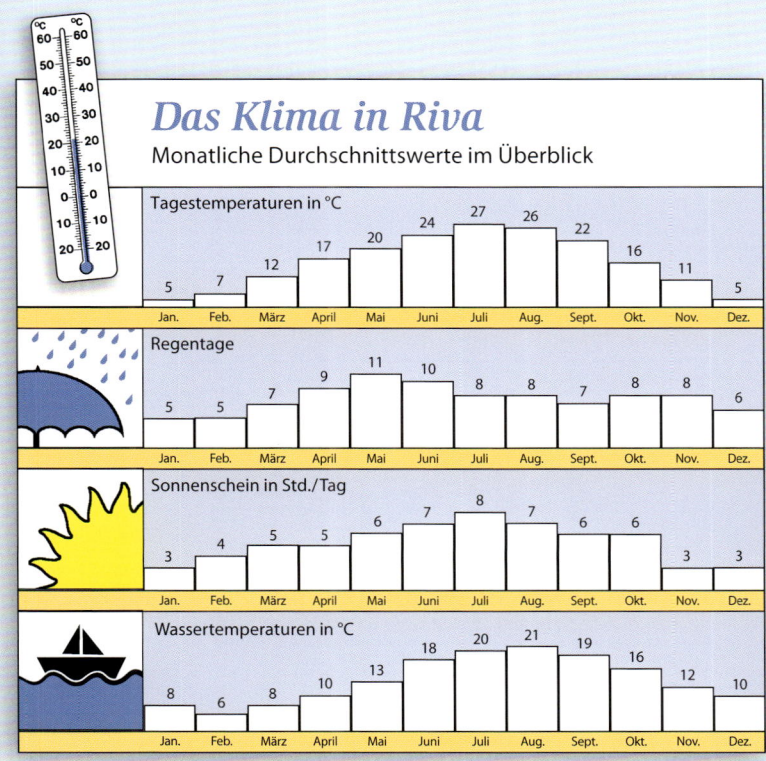

Das Klima in Riva
Monatliche Durchschnittswerte im Überblick

	Jan.	Feb.	März	April	Mai	Juni	Juli	Aug.	Sept.	Okt.	Nov.	Dez.
Tagestemperaturen in °C	5	7	12	17	20	24	27	26	22	16	11	5
Regentage	5	5	7	9	11	10	8	8	7	8	8	6
Sonnenschein in Std./Tag	3	4	5	5	7	7	8	7	7	6	3	3
Wassertemperaturen in °C	8	6	8	10	13	18	20	21	19	16	12	10

und Pflanzen überleben, die anderswo im Eis begraben wurden. Flora am Gardasee – das bedeutet aber auch: Oliven. Rund 200 verschiedene Sorten wachsen an den Hängen des Monte Baldo und der Berge am Westufer.

Blütenpracht und Himmelsblau bei Lazise (links).
Italiens Markenzeichen: Eis in unzähligen Variationen (rechts).
Zum Reinbeißen: Äpfel aus Arco (unten).

schnittstemperaturen liegen im Januar bei drei Grad und im Juli bei 23, so entsteht eine mittlere Jahrestemperatur von 13 Grad. Sinnbild für das südländische Klima war (und ist) die Tatsache, dass rund um den Gardasee Zitrusfrüchte wachsen; bis ins 20. Jahrhundert waren die Zitronen vom Gardasee ein italienischer Exportschlager.
Der Gardasee wird rund ums Jahr von Touristen be-völkert, freilich suchen die Menschen im Winter eine andere Art von Erholung als die Sommerurlauber. Der Mai und der Frühherbst gelten als die besten Reisezeiten:

Im Frühling locken die angenehme Wärme und die Ruhe vor dem Sturm, und im September und Oktober ist es die außergewöhnliche Farbenpracht der Wälder, die vor allem Wanderer anzieht. Wenn möglich, sollte man den Sommer als Reisezeit meiden, denn dann ersticken die Straßen im Verkehr, und auch die einheimischen Gastgeber glänzen nicht unbedingt durch Tatendrang.

Flora und Fauna

Wenn vom Gardasee und seiner Pflanzenpracht die Rede ist, dreht es sich meist um die Artenvielfalt am Monte Baldo. Rund zwanzig Blumen tragen den Beinamen »baldense« und belegen so, dass sie entweder hier zum ersten Mal entdeckt wurden oder ausschließlich auf diesem Berg zu Hause sind. Ursache dafür ist die Lage dieses Massivs relativ weit im Süden, seine Gipfel blieben während der jüngsten Eiszeit von der ewigen Kälte verschont. So konnten Kräuter

Bis ins 17. Jahrhundert lebten auf dem Monte Baldo noch Bären und Wölfe. Rotwild und Füchse gibt es reichlich in den Bergen, in den höheren Regionen wurden in den vergangenen Jahren auch wieder Murmel- tiere angesiedelt. Adler, Haselhuhn und Auerhahn bevölkern genauso den Berg wie Vipern und Nattern, und wer das Glück hat, den seltenen Kaiser-Raben

zu entdecken, wird von seinen rasanten Flugkünsten begeistert sein. Im See tummeln sich vor allem Karpfen, Schleien, Zander und Aale. Selten geworden ist der Carpione, eine Forellenart, die nur im Gardasee heimisch ist.

Anreise

Es ist die günstige Lage direkt hinter dem Brenner, die die meisten Gardasee-Urlauber dazu verleitet, mit dem eigenen Pkw anzureisen. Einen Pass für die Einreise benötigt niemand mehr im modernen grenzenlosen Europa, freilich muss man ihn zur Identifizierung dabei haben.
Zwar ist die Fahrt über die Brennerautobahn gebührenpflichtig, doch geht es ungleich schneller als über die serpentinenreiche Landstraße.

Bei Rovereto Sud/Lago di Garda Nord verlässt man die Autobahn und fährt noch wenige Kilometer über die Staatsstraße 240 nach Nago und Torbole. Schöner, weil landschaftlich reizvoller, ist die Fahrt über die Staatsstraße 45 durch das Sarcatal von Trient nach Riva. Wer den Süden des Sees als Reiseziel hat, wird die Autbahn-abfahrt bei Affi/Lago di Garda Sud wählen. Nur rund fünf Stunden dauert die Fahrt mit dem »Garda-Zug« von München nach Verona. Allerdings muss man in Verona in den Bus umsteigen. Gleiches gilt für alle, die mit dem Flugzeug kommend auf dem Aeroporto Valerio Catullo di Villafranca bei Verona landen.

Schifffahrt

Vom Frühjahr bis in den Herbst verkehren Motorschiffe und Tragflügelboote zwischen den wichtigsten Orten am See. Nur die Autofähre zwischen Torri del Benaco und Toscolano-Maderno ist das ganze Jahr über in Betrieb. Wer den See und seine Berge einmal anders erleben möchte, sollte eine der vielen Kreuzfahrten unternehmen, die

vor allem im Juli und August angeboten werden.

Verkehr

Es lohnt sich in Italien, die Regeln der Straßenverkehrsordnung einzuhalten, denn Tempoüberschreitungen oder falsches Parken können sehr teuer kommen. Bei Radarkontrollen werden sündige Autofahrer sofort zur Kasse gebeten. Es gelten folgende Höchstgeschwindigkeiten: auf Autobahnen 130 km/h, auf Landstraßen 110 km/h und in Ortschaften 50 km/h. Wer am Gardasee auf das Auto verzichten möchte, kann auf die staatlichen Busse ausweichen, die

regelmäßig alle Ortschaften am See miteinander verbinden. Die Abfahrtszeiten erfragt man am besten in den Touristinformationen, Fahrkarten erhält man in Tabakläden oder Supermärkten – nicht in den Bussen.

Unterkunft

Wer zur Hauptreisezeit im Sommer unterwegs ist, sollte sein Quartier im Voraus gebucht haben. Natürlich haben die Verantwortlichen für eine touristische Infrastruktur gesorgt, die allen Ansprüchen gerecht wird und jeden Wunsch erfüllt. Das ist man den mehr als fünf Millionen Urlaubern schuldig, die den See jedes Jahr besuchen. So gibt es Übernachtungsmöglichkeiten aller Kategorien, von der einfachen Pension oder der Liege auf dem Bauernhof bis hin zu Luxusbetten in Nobelherbergen. Hier wird man in der Regel immer ein Zimmer bekommen – vorausgesetzt, man ist mit dem nötigen Reiseetat ausgestattet. In den preiswerteren Gasthäusern sollte man sich nach der Gestaltung des Frühstücks erkundigen, denn Italiener brauchen morgens kaum mehr als einen Espresso. Die meisten Hotels haben sich auf die Erwartungen ihrer Gäste eingestellt und servieren ein reichhaltiges Frühstücksbüfett. Campingplätze reihen sich vor allem am Ostufer und im südwestlichen Valtenesi aneinander. Die meisten sind sehr komfortabel, ein Swimmingpool ist fast schon obligatorisch. Aber auch hier kann es passieren, dass im Sommer wegen Überfüllung die Plätze geschlossen werden müssen.

Feste/ Veranstaltungen

Am Gardasee feiert man gerne, vor allem traditionelle Feste mit religiösem Hintergrund. Wie zum Beispiel die Karfreitagsprozession in Castelletto di Brenzone, eine feierliche Veranstaltung, die jedes Jahr viele Besucher und Teilnehmer anlockt. Natürlich veranstaltet jeder Ort im Sommer eigene Festivitäten, aber rund um den See gibt es eine Reihe von Veranstaltungen, die sich über Jahrzehnte einen Namen gemacht haben, allen voran die Centomiglia, die berühmte »100-Meilen-Regatta«, an der Segelprofis aus der ganzen Welt teilnehmen. Amateure messen dagegen ihre Fähigkeiten bei der nächtlichen Segelregatta in Torri del Benaco am 26. Mai. Ende Juni und Ende Sep-

Die Stadt der Oper

Der schönste Spaziergang durch Verona

A lles beginnt, alles endet auf der Piazza delle Erbe. Ganz gleich, ob morgens oder abends, während der Woche oder am Wochenende. Das war schon bei den Römern so, die diesen lichten Ort, einen rechteckigen Platz, als Forum nutzten. Bis ein paar hundert Jahre später die Kräuterverkäufer kamen (das italienische »erbe« bedeutet Kräuter) und in unseren Tagen die Händler mit allerhand Tand und Nippes: T-Shirts aus China und Pizza-Ecken aus der Mikrowelle, Julias aus Plastik und Romeos aus Gips. Wer hier allmorgendlich seine Bude öffnet, verlässt sie abends mit prallgefüllter Kasse. Eine solche könnte der Verein Chiese Vive (Lebendige Kirchen) gut gebrauchen: Er hat sich die Pflege der Gotteshäuser zur Aufgabe gemacht. Eines davon,

Veronas schönste Kirche San Zeno Maggiore, steht in der westlichen Neustadt und ist deshalb zu Fuß etwas mühsam zu erreichen. Die anderen beiden, die man sich anschauen sollte, liegen dagegen ganz in der Nähe der Piazza delle Erbe. Die Basilika Sant'Anastasia ist Veronas größte Kirche. Der Bau ist gewaltig, vor allem das gotische Tor, doch die Fassade ist erstaunlich schlicht, weil es nach dem Abschluss der Arbeiten im 15. Jahrhundert an Geld für die Marmorverkleidung fehlte. Hinter der Kirche macht die Etsch einen Bogen, und folgt man ihm, kommt bald der Dom Santa Maria Matricolare in Sichtweite, in dem sich der große Tizian mit seinem Gemälde »Himmelfahrt Mariens« verewigte.

Über die Via Garibaldi, den Corso Porta Borsari und den Corso Cavour führt der Weg direkt zum Castelvecchio, einer festungsartigen Anlage aus dem 15. Jahrhundert, die den Scaligerfürsten Cangrande II. vor dem aufmüpfigen Volk Veronas schützen sollte. Heute ist in der Festung das Museo Civico d'Arte mit seiner bemerkenswerten Skulpturensammlung und prächtigen veronesischen Kunstschätzen untergebracht. Der Ponte Scaligero über die Etsch, der sich an das Castelvecchio anschließt, war ursprünglich als Fluchtweg für die Scaliger gedacht, falls sich die Veroneser gegen ihre ungeliebten Herrscher erheben sollten. Heute flüchtet niemand mehr, es sei denn, es ist Festspielzeit.

Echte Veroneser machen sich dann rar. Die Piazza Bra, vom Castelvecchio aus über die Via Roma zu erreichen, ist dann fest in den Händen der Opernliebhaber aus aller Welt. Es ist die Zeit der Arena di Verona. Wenn nachts um eins die letzte Zugabe im weiten Oval verklungen ist, wenn über 20 000 Menschen in die Cafés und Restaurants strömen, dann wird die Piazza Bra für den Rest der Nacht zum Mittelpunkt der Welt.

Vielleicht kommt sie noch ein wenig zur Ruhe, bevor morgens die Bars wieder öffnen und auf der Flaniermeile Via Mazzini der Kaufrausch in die Boutiquen der Edelschneider lockt. Sehen und gesehen werden heißt hier die Devise – einmal rauf bis zur Piazza delle Erbe, dorthin, wo in Verona alles beginnt und alles endet.

Hier wandeln die Veroneser am liebsten: im Kreuzgang ihrer Kirche San Zeno Maggiore in der Neustadt (oben links). – Der Arco dei Gavi stammt aus römischer Zeit und war Vorbild für viele Renaissance-Künstler (oben).

169

tember verkünden grandiose Feuerwerke während der »Notte di Fabia« den Beginn bzw. das Ende der Trentiner Schlossfeste. Ebenfalls im September pfeifen und trillern sich Sangesfreunde in gefiederten

Ganz oben auf der Hitliste der Unternehmungen am Gardasee steht natürlich ein Besuch der berühmten Opernfestspiele in der Arena von Verona im Juli und August. Von allen größeren Orten am See fahren Busse zu

Alles passt: bei gutem Essen in gemütlicher Atmosphäre unter freiem Himmel... (oben). Villa Bettoni in Bogliaco (ganz oben). Auf dem Markt werden hauptsächlich heimische Produkte angeboten (unten).

Kostümen durch die »Sagra dei Osei« (Vogelkirchweih) in Cisano; und Weingenießer feiern das Weinfest von Bardolino. Wenn Limone am letzten Sonntag im Juni mit vielen köstlichen Fischgerichten und lokalen Weinen sein Volksfest zu Ehren des Heiligen Petrus begeht, platzt der Ort aus allen Nähten.

Ähnlich verhält es sich in Salò beim Sonnenfasching, dem »Carnevale del Sole«, am letzten Samstag im Juni. Mit ein bisschen Fantasie lässt sich aus der Reisegarderobe bestimmt ein Kostüm zaubern.

den Abendveranstaltungen nach Verona. Die Stadt richtet auch jedes Jahr eine internationale Messe für Landwirtschaft und Viehzucht aus.

Märkte

Im Sommer am Gardasee einen Markt zu finden, ist kein Problem, irgendwo wird immer

einer abgehalten. Wer allerdings einen Markt mit einem speziellen Angebot, wie Antiquitäten oder Kunsthandwerk sucht, der sollte sich in den örtlichen Touristinformationen erkundigen. Märkte mit Produkten aus der Region sind dagegen örtlich und zeitlich festgelegt und finden an folgenden Tagen in den

jeweiligen Orten statt:
Montag: Peschiera, Moniga del Garda, Torri del Benaco;
Dienstag: Castelletto di Brenzone, Castelnuovo del Garda, Desenzano, San Felice del Benaco, Limone (nur am ersten und dritten Dienstag eines jeden Monats), Nago (ebenfalls nur am am ersten und dritten Dienstag eines jeden Monats), Torbole (zweiter und vierter Dienstag im Monat);
Mittwoch: Arco (am ersten und dritten Mittwoch jeden Monats), Gargnano, Lazise, Riva (zweiter und vierter Mittwoch im Monat);
Donnerstag: Bardolino, Bussolengo, Toscolano-Maderno, Colà di Lazise;
Freitag: Garda, Manerba, Sirmione;
Samstag: Caprino Veronese, Malcesine, Padenghe, Salò, Valeggio sul Mincio;

soll: die Riviera Card. Sie wird kostenlos an den Rezeptionen der Hotels oder Campingplätze ausgehändigt und bringt Preisnachlässe für mehr als dreißig Museen, Parks und andere touristische Einrichtungen.

9.30–12.30 sowie 14.30–18 Uhr und in Malcesine durchgehend von 9–20 Uhr.
Weitere Museen befinden sich im Hinterland der Veroneser Uferseite. Zum Beispiel das Archäologische Stadtmuseum in Cavai-

Für eine lustige Urlaubserinnerung kann man in Malcesine Modell sitzen (links). – Kunstwerke aus der römischen und griechischen Antike: das Museo Lapidario in Verona (oben). Seite 172/173: Der Gardasee und seine Umgebung sind ein Paradies für Mountainbiker und bieten immer wieder atemberaubende Ausblicke.

Einige lohnenswerte Ziele sind (Achtung: Die Öffnungszeiten können sich ändern und sind im Winter kürzer als im Sommer, deshalb sollte man sich vorher in den Touristinformationen erkundigen):
Peschiera: Museum des Risorgimento, Via Catullo, 9:30–12 und 15:30–18 Uhr; Rocca, 10–11 und 16–18 Uhr (außer montags und dienstagsvormittags).
In Torri del Benaco und Malcesine sind in den beiden imposanten Scaliger-Burgen historische Museen untergebracht. Öffnungszeiten in Torri von

on Veronese, Piazza Fracastoro 8: dienstags, donnerstags, samstags und sonntags von 10–12.30 und 16.30–19 Uhr.
Oder das Napoleonische Museum in Rivoli Veronese auf der Piazza Napoleone: außer montags ist es von 9–12 und 15–17.30 Uhr geöffnet.
Wer sich für die Schlacht von Solferino interessiert, sollte das Beinhaus in Custoza (zwischen Sommcampagna und Valeggio sul Mincio gelegen) besuchen: täglich von 10–12, 14–16.30 Uhr.
In Costermano gibt es außerdem einen deutschen Soldatenfriedhof in wunderschöner Lage (8–19 Uhr).
Natürlich hat auch Verona mehr zu bieten als »nur« das Castelvecchio (9–19 Uhr außer montags). Zu nennen wäre hier die »Galleria d'Arte Moderna« im Palazzo Forti; die Eintrittszeiten

Sonntag: Borghetto di Valeggio sul Mincio (dritter Sonntag im Monat), Rivoltella di Desenzano. In Verona ist rund um die Piazza delle Erbe jeden Tag Markt.

Museen

Auch am Gardasee soll es ja Tage geben, an denen sich die Sonne hinter Wolken versteckt,

das ist dann der ideale Zeitpunkt für einen Museumsbesuch. Neben den bekannten und allseits beliebten Wein- und Ölmuseen in Bardolino gibt es noch eine ganze Reihe sehenswerter Ausstellungen. Dabei hat die Olivenriviera eine interessante Initiative entwickelt, die den Kulturtourismus ankurbeln

Rund um den See

Fünf Routen mit Auto und Mountainbike

1. Die Gardesana Orientale

Im Sommer wird man es schwer haben mit dem reinen Genuss: Die Straße ist so voll, dass man

alle Sinne zum Steuern seines Wagens braucht, und nicht selten gibt es vor den Ortschaften scheinbar endlose Staus. Also sollte man Zeit mitbringen für die rund 50 Kilometer lange Küstenstraße entlang der Riviera degli Olivi, der Olivenküste zwischen Torbole und Peschiera. Diese Stationen sind Pflicht und entschädigen für Stress auf der Straße: Im malerischen Malcesine lohnt ein Besuch der berühmten Scaliger-Burg; die Punta San Vigilio lockt mit der »Baia delle Sirene« und einem der schönsten Strände des Sees sowie mit einem exquisiten

Feinschmecker-Restaurant; der beliebte Ferienort Garda lädt zu einem Spaziergang hinauf zu den längst verfallenen Gemäuern der Rocca; Bardolino ist bekannt für seinen guten Wein, und schließlich folgt Lazise als einer der ältesten Orte am See, bevor die Reise in Peschiera endet.

2. Die »Rallye Serpentina«

Zu Recht gilt die Gardesana Occidentale als eine der eindrucksvollsten Straßen Europas: Ganz nah am Wasser führt sie über zahllose Brücken und Viadukte und durch noch mehr Tunnels. In den Genuss davon kommt man bereits auf der kurzen Fahrt von Limone, dem Startpunkt dieser Route, in Richtung Süden. Immer wieder faszinieren die Ausblicke über das Wasser und auf den Monte Baldo auf der anderen Uferseite. »Der Weg ist das Ziel« – dieses Motto ist für die Westuferstraße wörtlich zu nehmen. Wer es enger und vor allem kurvenreich mag, verlässt kurz vor Campione die Gardesana Occidentale und schlängelt sich in endlosen Serpentinen und durch fast ebenso viele Tunnels nach Pieve di Tremosine hinauf. Für die Strapazen am Steuer entschädigt ein fantastisches See-Panorama. Hinter Pieve geht es auf weiteren 25 Kilometern Serpentinenstrecke um den Campione-Bach nach Tignale. Hier wartet die nächste Herausforderung, denn ein Abstecher kurz vor dem Hauptort Gardole führt mit 26-prozentiger Steigung zu einem Kleinod in atemberaubender Lage: Die Wallfahrtskirche Madonna di Monte Castello thront in fast 700 Meter Höhe auf einem Felsvorsprung über dem See und bietet eine grandiose Aussicht. Bergab folgt die Straße dem Piovere-Bach bis zur Gardesana Occidentale, die nun geradewegs, aber kaum weniger aufregend, zurück nach Limone führt.

3. Die Brescianer Riviera

Hinter Gargnano, wo die Reise beginnt, wechselt das Ufer des westlichen Gardasees sein Gesicht: Keine steilen Felsen mehr, die bis ans Wasser reichen, dafür steigt das Hinterland nun in sanften, von Wald bedeckten Hügeln an. Geschützt von den Bergen, entfaltet sich hier das mildeste Klima des Sees; es lockte in der Belle Époque die feine Gesellschaft nach Gardone Riviera und Salò. Im Valtenesi sollte man dann die kleineren Straßen wählen, die durch das beschauliche Hügelland nach San Felice del Benaco, Manerba und Moniga führen. Viele Burgen zeugen davon, dass dieser

Abschnitt des Gardasees einst heftig umkämpft war. Ziel ist die Hafenstadt Desenzano.

4. Das Minciotal

Wenn Sirmione aus den Nähten platzt und alle Boote ausgebucht sind, die in Peschiera auslaufen, um den See zu erkunden, dann lohnt sich ein Ausflug gen Süden, ins Minciotal. Vielleicht

lich um den Dos Remit herum, bis mit rund 1120 Metern in der Tat der »Höhepunkt« des Tages erreicht ist. Von nun an geht's bergab, auf teils recht abschüssiger, kurvenreicher Strecke zur Malga Rigotti und weiter talwärts nach Maso Cavril, bis man bei Citterini auf die Staatsstraße 240 trifft. Nach 1,5 Kilometern in Richtung Nago zweigt rechter Hand eine leicht ansteigende Straße zum Passo San Giovanni ab, die man aber auf der Höhe von Mala wieder verlässt. Hinter Mala geht es auf einem von Rebhängen gesäumten Feldweg zurück nach Nago und in Schussfahrt hinunter nach Torbole.

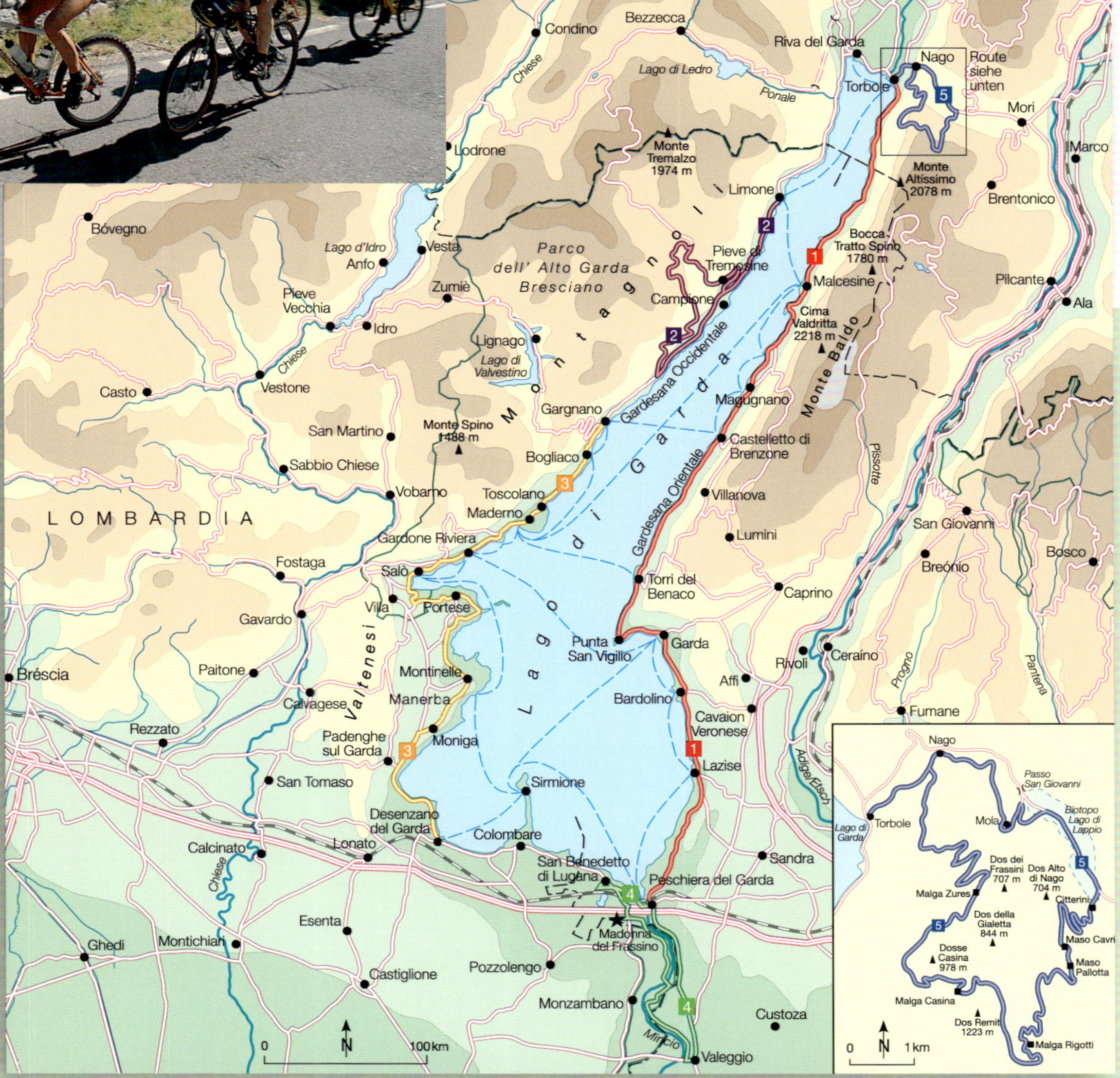

macht man nach dem Start in Peschiera unterwegs noch Station bei einem Winzer in San Benedetto di Lugana, bevor die Fahrt – mit einem kleinen Umweg über die Wallfahrtskirche Madonna del Frassino – am Mincio entlang nach Valeggio sul Mincio geht. Wer Hunger hat, findet hier die einzig wahren Tortellini Italiens. Für einen Verdauungsspaziergang auf dem Rückweg empfiehlt sich der wunderbare Naturpark Giardino Sigurtà.

5. Mit dem Mountainbike unterwegs

Das nördliche Gardasee-Gebiet mit seinen Bergen rundum ist ein Mekka für Mountainbiker. Vor allem Riva und Torbole sind beliebte Startpunkte für Touren auf dem Hightech-Drahtesel. Vom Zentrum Torboles etwa führt die Strada Santa Lucia mit starkem Anstieg hinauf nach Nago. Dort mündet der kopfsteingepflasterte Weg in die Monte-Baldo-Straße, auf der man zur Alm Malga Zures gelangt – mit herrlichen Ausblicken über den See. Ab hier verläuft der Bikerpfad ein Stück weit fast eben, vorbei an ehemaligen Stellungen aus dem Ersten Weltkrieg. Dann sind wieder die Beinmuskeln gefragt: Man fährt hinauf zur Malga Casina und weiter auf einem Waldweg nörd-

Mountainbiken wird immer beliebter (ganz oben). Restaurants mit Aussicht wie dieses in Castelletto gibt es viele (ganz links). – Fahrt durch die Olivenhaine bei Limone (links Mitte). – Der 1393 errichtete Damm des Giangaleazzo Visconti im Minciotal (ganz oben). – Die Kirche Madonna di Monte Castello (links unten). – Wander-Dorado: der Monte Baldo (oben).

richten sich nach den Ausstellungen und sind in den Touristinformationen zu erfragen. Oder das Römische Theater mit dem Archäologischen Museum in der Via Regaste Redentore 2, 9–19 Uhr außer montags.
In Brescia lohnt ein Besuch des Städtischen Museums für Natur-

Sarcatal entscheidet, sollte das Castel Drena besuchen. Ebenfalls an dieser Strecke liegt das romantische Castel Toblino auf einer Halbinsel im gleichnamigen See. Es ist in Privatbesitz, wer aber das Restaurant besucht, bekommt einen schönen Eindruck vom Innern der Burg.

geschichte in der Via Ozanam 4, täglich 9–17 Uhr. Wer sich für Flora interessiert, ist im Botanischen Garten Trebbo Trebbi genau richtig – allerdings nur mit Voranmeldung: (030-2007704). Und natürlich sollte man das liebevoll renovierte Kloster San Salvatore in der Via Musei 81 nicht versäumen, 10–20 Uhr, mittwochs bis 22 Uhr.
Nahe Trient lohnt das Museum der Sitten und Gebräuche der Trentiner Bevölkerung in der Via Mach 1 in San Michele all'Adige, 9–12.30 Uhr, 14.30–18 Uhr.

Schlösser/Burgen

Außer den Scaliger-Burgen glänzt der Gardasee noch mit einer ganzen Reihe weiterer alter Gemäuer: Wer sich für die romantische Fahrt durch das

Dafür lohnt sich auch der weiteste Weg: Blick von der Burg hoch über Arco (links). Das Castel Madruzzo im Tal von Cadevine (oben). Bootsanleger können auch als Sprungtürme dienen (rechts).

Äußerlich fasziniert dagegen das Castel Beseno in Besenello. Es erstreckt sich über eine Fläche von mehr als 16 000 Quadratmetern und ist damit eine der imposantesten Burgen der südlichen Alpenregion.

Sport

Angeln ist erlaubt, vorausgesetzt man hat in der Touristinformation eine Lizenz erworben. Baden macht überall im See Spaß, allerdings sollte man sich im Sommer vorher über die Wasserqualität informieren. Vor allem am westlichen Ufer und

im Valtenesi gibt es lauschige Plätzchen am See; wegen der vorwiegend steinigen Strände empfiehlt es sich, Badeschuhe einzupacken.
Die vielen Surfer bei Torbole im Norden machen allerdings wenig Lust auf ein erfrischendes

Bad, und an der Ostküste baden die meisten in Swimmingpools, da Strandabschnitte dort Mangelware sind.
Golfen wird auch am Gardasee immer beliebter. Plätze gibt es in Costermano, Garda, Verona und Bogliaco.

Mountainbike fahren rund um den See ist ein echtes Erlebnis. Es gibt Strecken aller Schwierigkeitsgrade, und jede Anstrengung wird garantiert belohnt: mit immer neuen Ausblicken auf den See und die Berge. Wer es nur bergab liebt, fährt samt Rad mit der Seilbahn von Malcesine

Auskunft

Staatliches Italienisches Fremdenverkehrsamt ENIT (Ente Nazionale Italiana per il Turismo): www.enit-italia.de; ENIT Deutschland: Kaiserstraße 65, 60329 Frankfurt/Main,

Spaß für Jung und Alt bietet der Wasserpark »Caneva World« bei Lazise (links). – In eine ehemaligen Limonaia wurde dieses Hotel in Limone gebaut – Seeblick inklusive (rechts). Seite 178/179: Man kann sich kaum ein schöneres Fleckchen Erde vorstellen – Hotel Villa Nicolli in Riva del Garda.

auf den Monte Baldo. Segeln lernen ist vor allem in den Orten im Süden kein Problem. Im Norden könnte es für Anfänger mitten im Heer der Surfer schon einmal eng werden. Surfen hat vor allem einem Ort auf die Sprünge geholfen: Torbole ist innerhalb kürzester Zeit zum Hot-Spot für Surfer geworden. Das ganze Jahr über wechseln sich die Winde in konstanter Regelmäßigkeit ab, und wer sich bei der kräftigen Ora aufs Wasser wagt, sollte sein Brett im Griff haben.

Tel. 069-23 7434, Fax 069-237069, E-mail: Enit.ffm@t-online.de ENIT Österreich: Kärntner Ring 4, 1010 Wien, Tel. 01-5051639, Fax 01-5050248, E-mail: delegation. wien@enit.at In der Schweiz: Uraniastraße 32, 8001 Zürich, Tel. 01-2113031, Fax 01-2113885, E-mail: info@enit.ch Am Gardasee: Communità del Garda, Via Roma 8, 25083 Gardone Riviera, Tel. 0365-290411, Fax 0365-290025. Informationen zur Reisevorbereitung im Internet: www.arena-verona.de; www.verona-gardasee.de; www.enit.it; www.gardasee.it; www.traveleurope.it

Klettern ist bei den fantastischen von der Natur geschaffenen Voraussetzungen nördlich des Sees mehr als nur ein Trendsport. Die Vereine in Riva, Arco und Torbole bieten auch Touren für weniger Geübte an, bei denen es leichte Klettersteige in der Brenta-Gruppe zu meistern gilt. Wer auf den Geschmack gekommen ist, wird ja vielleicht eines Tages am »Rockmaster« teilnehmen, einem der renommiertesten Wettbewerbe für Freeclimber in Arco.

Personen, Orte, Begriffe

Personen

Albert, Erzherzog von Österreich 61
Alighieri, Dante 8, 155

Barbarani, Berto 88
Berengar I., König 108, 109
Bernini, Graf 133
Bertolotti, Gáspare 89
Bettoni, Graf 80
Borghese, Familie 91, 108
Brenzone, Agostino 107, 111
Callas, Maria 158
Cangrande II. 155, 149, 169
Catull 35, 125, 127
Corot, Jean-Baptiste Camille 22

D'Annunzio, Gabriele 28, 46, 81, 86, 94 f.
Desiderio, König 130
Dunant, Henri 24, 59
Dürer, Albrecht 22, 61
Duse, Eleonore 94, 95

Etrusker 28

Friedrich Barbarossa, Kaiser 29

Garibaldi, Guiseppe 81
Ghibellinen 29, 108, 122
Giovanni Battista Montini, Papst 131
Goethe, Johann Wolfgang von 22, 24, 42, 58, 67, 68, 98, 100, 102, 158
Guarientini di Brenzone, Graf 106
Guelfen 29, 108, 122
Gurlitt, Louis 22
Giusti, Familie 156

Heine, Heinrich 158
Heller, André 44, 88, 136
Hitler, Adolf 80, 89
Hruska, Arthur 87, 136 f.

Kafka, Franz 43
Karl der Große 28
Kaulbauch, Friedrich August von 22

Langobarden 28
Lawrence, D. H. 10
Leigh, Vivian 107
Ligurer 28
Lorenzini, Giuseppe 163

Mann, Thomas 43, 61
Mantegna, Andrea 158
Mussolini, Benito 28, 35, 80, 89, 94

Napoleon I. 28, 29, 103, 132
Napoleon III. 59
Nietzsche, Friedrich 41, 61

Olivier, Lawrence 107, 162
Otto I., Kaiser 29

Pavarotti, Luciano 158
Pippin, König 28, 68

Pisanello 155
Puccini, Giacomo 151
Romanino, Girolamo 24
Römer 29, 40, 56, 87, 91, 108, 110, 118, 124, 130 ff. 148 f., 167
Rordorf, Conrad Caspar 22
Rossini, Gioacchino 151

Sanmicheli, Michele 107, 156 f.
Scala, Antonio della 108
Scala, Cangrande I. della 155
Scala, Cangrande II. della 155
Scala, Familie della 146, 155
Scaliger 29, 35, 69, 124, 127, 132, 155, 169

Shakespeare, William 157
Sigurtà, Carlo Graf 20, 137

Theodorakis, Mikis 151
Tizian 169
Ury, Lesser 22
Vendôme, General 73
Veneter 28
Verdi, Giuseppe 50, 151
Viktor Emanuel II., König 132
Visconti, Giangaleazzo 132, 155

Waldmüller, Ferdinand Georg 22
Westgoten 28
Wimmer, Louis 46, 87

Zanardelli, Signore 88
Zevio, Altichiero da 155

Ruhiges Plätzchen bei Malcesine (oben). Die Landschaft rundum genießt man am besten bei einer Fahrt über den See (rechts).

Orte und Begriffe

Angeln 176
Anreise 167
Arco 21, 22, 38, 58, 61, 62, 73, 154, 155, 167, 170, 177
Assenza 90, 102, 103
Auskunft 177

Baden 176
Bardolino 44, 48, 100, 112, 174
Besenello 176
Biazza 103
Bocca di Navene 112
Bogliaco 80, 170

Borghetto di Valeggio sul Mincio 5, 120, 132
Botanische Gärten 137 f.
Brenta-Gruppe 35, 54, 56, 62
Brenzone 18, 52 f., 102
Brescia 35, 130, 166
– Palazzo del Comune 116, 130
– Piazza della Loggia 130
– Piazza Paolo VI. 131
Brescianer Alpen 10, 36, 166
Brescianer Riviera 85, 174
Burgen 176

Cadevine 176
Calmasino 113
Campione 80, 166, 174
Campo Formio, Frieden von 29
Cascata Varone 61
Cassone 103
Castel Beseno 176
Castel Drena 64, 72, 176
Castel Madruzzo 176
Castel Toblino 72, 176
Castelletto 102, 168
Castello 102, 103
Castelvecchio 159
Castion Veronese 111
Cavaion 171
Cavedine 72
Centomiglia 55, 62, 124, 168
Chiarano 73
Chiese 81
Cima Valdritta 116, 166
Cisalpinische Republik 29
Cisano 113, 170
Citterini 175
Colle di San Pietro 140, 142

Como 23
Costermano 99, 111, 171
Custoza 29, 132, 171

Desenzano 32, 122, 124, 170
Dos Remit 175
Drena 72
Dro 73

Etsch 29, 56, 68, 100, 166, 140f.
Etschtal 38, 43, 104

Fasano 32, 88
Fauna 167
Ferrara di Monte Baldo 43
Feste 168
Flora 167
Funivia 69, 104

Garda 26, 35, 109 f., 170
Gardaland 35, 133
Gardesana dell'Acqua 109
Gardesana Occidentale 10, 25, 46 61, 67, 76, 78, 80, 84 f., 174
Gardesana Orientale 25, 67, 100, 102, 133, 174
Gardole 174
Gardone Riviera 4, 22, 35, 45, 46, 63, 81, 87 f., 94, 103, 162
Gargnano 32, 78 f., 80, 84 f., 174
Geschichte 28 f.
Giardino Sigurtá 136, 137, 175
Grotten des Catull 123, 127

Hotels 162 f.
Idro Anfo 81
Idrosee 36, 81

Isola di Garda 91, 122

Kleidung 166
Klettern 61, 62, 73, 176
Klima 167 f.
Küche 42, 44 f.

– Tortellini 125
Lagarinatal 56
Laghetto di Frassino 133
Lago di Caldonazzo 56
Lago di Valvestino 81
Lasino 72
Lazise 44, 119, 122, 126, 127, 147, 152, 174
Ledrosee 28, 59, 67
Ledrotal 36
Legnano 132
Lessinische Alpen 140, 147
Limonaien 48, 67, 107, 108
Limoncello 46, 87

Limone 32, 35, 48, 63, 67, 76 f., 78, 80, 162, 170, 174
Lombardischer Bund 29
Lugana 100, 113

Maderno 32, 63
Mala 178
Malcesine 8, 12 ff., 24, 38, 42, 68, 69, 98, 100, 170, 174, 162
Manerba 176
Mantua 111, 125, 132
Märkte 170 f.
Marmitte dei Gigante 58
Marmolada 63
Marocche 72, 73
Mincio 120, 122, 132, 137, 175
Minciotal 174, 175
Moniga 122, 152
Montagnoli 78
Monte Altissimo 116
Monte Baldo 10, 35, 37, 38, 43, 62, 63, 67, 69, 98, 101, 103, 106, 111, 116 f., 167, 174
Monte Brione 61, 62
Monte Pizzòcolo 46, 63, 81
Monte Rocchetta 61
Monte Spino 62 f., 88
Monte Tremalzo 63
Montinelle 120

Typische »Limonen«-Keramik (links).
Nachmittags im Hafen von Malcesine (rechts).
Wo es feinen Sand gibt am See, sind auch Sportbegeisterte zu finden (unten).

Mountainbiking 62 f., 68, 153, 174 f.
Museen 171
Muslone 78

Nago 42, 58 f., 168
Nagopass 18, 28
Naso Cavril 175
Naturraum 166
Novezzina 43, 103

Oliven 37 f.
Olivenöl 103, 113
Ora 24, 36, 58, 155
Organo 155

Orto Botanico del Monte Baldo 43

Padenghe sul Garda 120, 122, 170
Pai 28
Papiermühlen 78, 81
Parco dell'Alto Garda Bresciano 78
Passo San Giovanni 175
Peschiera del Garda 122, 132, 174
Pieve di Ledro 42
Pieve di Tremosine 35, 67, 76, 78, 85
Ponale 166
Portese 120, 122
Porto di Tignale 32
Porto Vecchio 80
Prada, Hochebene von 103
Punta del Rio 4
Punta San Vigilio 98, 106 f.
Punta Telegrafo 103, 104

Rallye Serpentina 174
Regatten 63
Reisezeit 166
Republik von Salò 80
Risorgimento 28

Riva 24, 29, 35, 38, 43, 56, 61, 67, 69, 84, 98, 167
Riviera degli Olivi 69, 98, 103, 113, 174
Rivoli Veronese 151
Rocca 112
Rocca di Manerba 164
Rocchetta 37
Rotes Kreuz 24, 59
Routen 174 f.
Rovereto 58

Sabbiatal 81
Sabbio Chiese 81
Saint-Germain, Frieden von 24, 56
Salò 22, 29, 32, 35, 46, 78, 81, 88, 162, 170
San Benedetto di Lugana 175
San Felice del Benaco 62, 122, 164, 174
Sarca 54, 146
Sarcatal 38, 58, 64 f., 72, 154
Scaliger-Burg, Malcesine 35, 68, 102
Scaliger-Burg, Sirmione 126
Scaliger-Burg, Torri del Benaco 103
Schifffahrt 168
Schlösser 176
Segeln 62 f., 177
Sentiero della Pace 63
Sirmione 35, 44, 48, 120, 124 f., 162, 174,
Solferino 24, 28, 29, 58, 132
Sover 58, 62
Sport 56, 176
Stilfser Joch 63
Südtirol 56
Suganatal 56
Surfen 56, 57, 62 f., 176

Tenno 38, 58, 62
Tennotal 28, 61

Terlago 72
Terrazza del brivido 76
Therme 127
Tignale 78, 174
Toblino 72
Toblinosee 72
Torbole 19, 24, 31, 36, 56, 58, 59, 61, 62, 67, 69, 98, 166, 174, 175
Torri del Benaco 5, 101, 103, 144 f., 168 f.
Toscolano 78, 82
Toscolano Maderno 81, 103
Toscolanotal 82
Tramontana 36, 58
Tremosine 76, 78, 84, 148
Trentino 56., 61
Tridentisches Konzil 28, 72
Trient 24, 29, 56 f., 61, 72, 73, 88, 166
– Castello del Buonconsiglio 24, 73

Val d'Ampola 36
Valeggio sul Mincio 20, 125, 170
Valpolicellatal 35
Valtenesi 48, 106, 120, 146
Venedig 28
Vento 29, 62
Veranstaltungen 168

Verkehr 168
Verona 9, 10, 28, 29, 35, 43, 127, 130, 140 f., 150, 166 f., 170
– Arena 50, 140, 148 f.
– Giardino Giusti 138, 142
– Kirchen 142
– Opernfestspiele 5, 150 f.

– Piazza dei Signori 6
– Piazza delle Erbe 46, 140, 142, 148, 149, 157, 160
– Ponte Pietra 146, 148
– Ponte Scaligero 146
– Romeo und Julia 140 f.
– Sant'Anastasia 169
– Torre dei Lamberti 6, 140
Veroneser Liga 29
Vestone 81
Vezzano 72
Via Belvedere 88
Via della Calma 88
Via delle Creste 116

Wein 100, 170
– Amarone 100
– Bardolino 44, 48, 100
– Bianco di Custoza 100
– Chiaretto 44, 48, 100, 120
– Custoza 48, 132
– Gropello 48, 100, 120
– Lugana 48, 100, 127
– Valpolicella 48, 100
Wiener Kongress 29

Zitronen 76
Zitrusfrüchte 167

Blick vom Torre dei Lamberti in Verona über die Piazza dei Signori auf Sant'Anastasia und das Castel San Pietro im Hintergrund. Schön ist hier zu sehen, wie die Piazza dei Signori, auch »Salon« der Stadt genannt, von Palästen umgeben ist (rechte Seite).

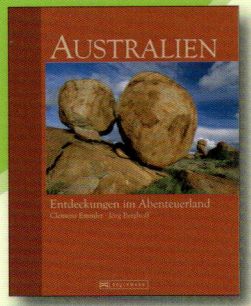
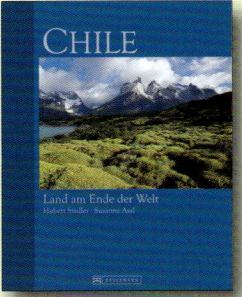
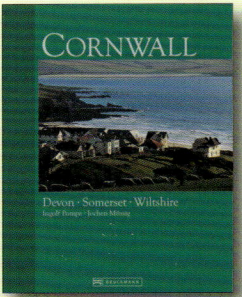
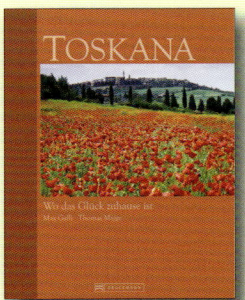

www.bruckmann.de

Impressum

Unser komplettes Programm:
www.bruckmann.de

Die Fotografen

Martin Thomas studierte Fotodesign an der Fachhochschule Dortmund und ist Bildautor zahlreicher Bände in renommierten Zeitschriften-, Reisebuch- und Bildbandverlagen. Joachim Hellmuth studierte Kunstgeschichte, Germanistik und Philosophie. Fotograf mehrerer Bildbände und Verlagsmitarbeiter. Lebt bei München.

Der Autor

Hans Günther Meurer lebt als freier Reisejournalist bei Hamburg und arbeitet für Buch- und Zeitschriftenverlage sowie den Hörfunk. Ebenfalls von ihm erschienen erschien der Bildband »Norwegen«.

Produktmanagement: Susanne Kuhl
Graphische Gestaltung: Werner Poll, München
Kartografie: Annette Hermes, Göttingen
Herstellung: Bettina Schippel
Repro: Repro Ludwig, Zell am See
Printed in Spain by Tallers Gràfics Soler S. A.

Alle Angaben dieses Bandes wurden vom Autor sorgfältig recherchiert und vom Verlag auf Stimmigkeit und Aktualität geprüft.
Allerdings kann keine Haftung für die Richtigkeit der Informationen übernommen werden. Für Hinweise und Anregungen sind wir dankbar.
Zuschriften an den:
Bruckmann Verlag,
Produktmanagement,
Postfach 400209,
D-80702 München
E-Mail: lektorat@bruckmann.de

Bildnachweis

Archiv für Kunst und Geschichte, Berlin: S. 22u.(2), 28u.(2), 29o.; Udo Bernhart, Langen: Vorsatz, S. 5 u., 12/13, 16/17, 74/75, 138/139, 144/145, 164/165, 172/173, 178/179, 186/187;

Bildarchiv Preussischer Kulturbesitz, Berlin: S.28/29; Artothek, Peissenberg: S. 23o.(o.A.), M. (Christoph Sandig) und u. (Joachim Blauel); Fondazione Negri, Brescia: S. 32o.(2), 32u., 32/33, 33(4), 84 r. (2), 84/85, 85r.(3); Fratelli Alinari, Florenz: S. 73 u., 94 u.r.(2); Laif, Köln: S. 38 o.; Look, München: S. 35u. (Greune), 44o., 49u. (Pompe), 58M. (Kiaulehn), 62 (2, Seer), 63o.r., 132, 167u.r. (Pompe); Axel M. Mosler, Dortmund: S. 106o. (kl. Bild), 107r. (2) und u.r.; Werner Neumeister, München: S. 23u.l.; Picture Alliance/dpa, Frankfurt a. M.: 14/15, 18 o., 96/97, 150 o., 150/151; Roger-Viollet, Paris: S. 29 u.; Stockfood, München: S. 45M.r.; Hubert Stadler, Fürstenfeldbruck: S. 134/135; TOMMASI Vinticoltori, Pedemonte di Valpolicella: Vorsatz; Villa Cortine, Sirmione: S. 163u.r.; Zentralbibliothek Zürich: S. 22/23.

Alle anderen Abbildungen stammen von
Martin Thomas, Aachen: S. 3, 5o. (2), 8, 10(3), 20, 20/21, 21, 24, 24/25, 25, 26(2), 26/27, 36/37, 37 u., 36, 42/43, 43, 44M., 45u.l., 46(2), 47, 48/49, 50, 52/53, 56 u., 58 o. und u., 59u., 61(2), 63u.l., 64/65, 66, 67u., 68, 68/69, 69, 72o.(2), 72/73, 73r., 76u., 78o., 79, 81, 86, 86/87, 87, 88, 98(3), 100(2), 106u., 108/109, 109, 111(2), 112(2), 112/113, 113, 116 M., 120u.(2), 121, 122(3), 124/125, 125, 126, 126/127, 128/129, 130o. (kl. Bild), 130/131, 131(2), 132/133, 133, 134/135,136(3), 136/137, 140(3), 141, 142(3), 143(2), 146/147, 147u.r., 148(2), 148/149, 149, 150 u., 151(4), 152/153, 154, 155(3), 156, 156/157, 157, 158(2), 160/161, 162u., 162/163, 163u.l., 166l.(2), 170(2), 171(2), 174M.l., 175 u.r., 176(2), 176/177, 177u.l., 181(3), 182 l. und Joachim Hellmuth, Eresing: Umschlagvorderseite, Umschlagrückseite, S.1, 3 o.l., 6/7, 8/9, 10 r.M., 18 M. und u., 19, 28 o.(2), 30/31, 34, 35o., 38u., 39, 40/41, 44u., 44/45, 45o.r. und u.r., 48, 50/51, 56o.(2), 57, 59o., 60, 62/63, 63u.r.(2), 67o., 70/71, 72u., 76o. (2), 77, 78u. (2), 80, 80/81, 82/83, 84l., 85u.l., 88/89, 89, 90, 90/91, 92/93, 94 l. (3), 94/95, 95 (3), 99, 101, 102, 102/103, 103,

104/105, 106M., 106/107, 107u.l., 110, 114/115, 116o. (kl. Bild) und u.(2), 116/117, 117(4), 118/119, 120o.(kl. Bild), 123, 124, 130M., 137u. (2), 146, 147o.r., 159, 160, 162o.l., 163r.(2), 166M. und u., 167M. und l., 168o. und u., 168/169, 169, 170/171, 174o. (kl. Bild) und r., 175 o.(2) und u.l., 177 r., 180(3), 182 o. und u.r., 183.

Einbandfotos:

Vorderseite: Blick auf Malcesine.
Rückseite: Die Arena von Verona.
Vorsatz: Ausblick auf den Gardasee von Tremosine.
Nachsatz: Einer der schönsten Orte um den Sonnenuntergang zu bestaunen: Baia delle Sirene.

Textnachweis

Das Zitat auf S. 10 stammt von D.H. Lawrence: Italienische Dämmerung. Reisetagebücher. Aus dem Englischen von Georg Goyert, Diogenes Verlag, Zürich 1985.

Die Deutsche Nationalbibliothek verzeichnet diese Publikation in der deutschen Nationalbibliografie; detaillierte bibliografische Daten sind im Internet über http://dnb-nb.de abrufbar.

© 2010 Bruckmann Verlag GmbH, München
Alle Rechte vorbehalten
ISBN 978-3-7654-5513-1

Zur weiteren Reisevorbereitung empfehlen wir: